KB039169

# 난 왜 늘
# 잘못된 선택을
# 할까?

스토리로 풀어낸 생각 훈련법

*이 도서의 국립중앙도서관 출판시도서목록(CIP)은 서지정보유통지원시스템 홈페이지(http://seoji.nl.go.kr)와 국가자료공동목록시스템(http://www.nl.go.kr/kolisnet)에서 이용하실 수 있습니다. (CIP제어번호 : CIP2014007357)

# 난왜늘
# 잘못된 선택을
# 할까?

| 황선문 지음 |

## 스토리로 풀어낸 생각 훈련법

# 행복해지고 싶다면 내 생각부터 알자

나는 영국 한 대학의 OR(Operation Research) 학과에서 박사학위를 받았다. OR은 복잡하고 어려운 문제들을 계량적으로 해결하고자 하는 경영학의 한 분야다. 박사 과정 당시 나는 흥미로운 사실을 발견했다. 국가나 기업의 어렵고 복잡한 문제들을 전문적으로 해결하는 OR학과 교수들이 의외로 자신의 문제에 대해서는 전전긍긍한다는 사실이었다. 그들은 우주 계획을 수립했고, 거대한 회사의 시스템을 재구성하기도 했으며, 효율적으로 국방 예산을 편성함으로써 전력을 극대화하는 등 대단히 복잡하고 힘든 문제들을 해결하면서도, 정작 자신의 개인 문제에 대해서는 여느 사람들과 별반 다르지 않았다.

그들도 사소한 이유로 부부 싸움을 하고 이혼하기도 했으며 인간관계는 실수투성이였고, 선택하고 후회하기를 반복했다. 모든 문제를 해결할 수 있을 것 같던 그들이 왜 자신의 개인 문제는 해결하지 못했던 것일까? 오랜 고민 끝에 내가 내린 결론은 개인 문제는 OR 교수들이 주로 접하는 사회나 조직이 풀어야 할 문제와는 근본적으로 다르다는 것이다. 그들이 해결해야 할 문제들은 상황 중심인 데 반해 개인 문제는 그 사람의 생각이 중심이기 때문이다.

생각이 중심이 되는 개인 문제는 일반적일 수도 표준화될 수도 없다. 사람마다 생각이 서로 다르기 때문이다. 그래서 같은 상황도 생각에 따라 각자 다르게 받아들인다. 주가가 폭락하거나, 대학 입시제도가 바뀌거나, 이자율이 낮아지거나, 풍년이 되는 등의 상황이 어떤 사람에게는 희소식이지만 또 어떤 사람에게는 심각한 문제가 되기도 한다. 이런 현상을 보면 개인 문제가 생기는 것은 '상황' 때문이 아닌 그 사람의 '생각' 때문이라고도 할 수 있을 것이다. 그리고 결국 개인 문제를 이해하거나 해결하기 위해서는 그 문제를 안고 있는 사람의 생각을 먼저 알아야만 하는 것이다.

한국에 돌아와 나는 대학에서 여러 해 동안 OR을 강의하고 있다. 그리고 예전에 나의 스승들이 그랬듯이 공적인 문제는 잘 해결하면서도 나의 개인 문제에 대해서는 절절매곤 했다. 그 이유는 아마도 내 생각을 잘 모르기 때문은 아닐까 의심할 수밖에 없었다. 내 머릿속에 어떤 생각이 떠올랐을 때 하필 왜 그 생각이 떠올랐으며 그 생각이 어떻게 만들어졌는지를 전혀 알 수 없었기 때문이다. 그리고 그 생각이 지속적으로 이어질지 아니면 언제 바뀔지도 역시 알 수 없었다. 내가 내 생각을 잘 모른다는 걸 인정하기는 힘들었다. 생각이란 판단이나 의견, 사리분별, 결심 등을 뜻할 뿐만 아니라 느낌, 관심, 상상, 기억 등을 모두 포함하는 사람의 일상적이고 기본적인 정신 활동이기 때문이다. 내가 이러한 생각을 잘 몰랐다는 것도 놀라운 자각이었지만, 여태껏 커다란 어려움을 느끼지 않았다는 데 더욱 놀라지 않을 수 없었다.

사실 나의 것이라고 해서 모든 것을 알 필요는 없을 것이다. 몸 안에 있는 허파가 공기 중의 산소를 어떻게 받아들이는지 모른다고 해서 숨을 쉬는 데 지장이 있는 건 아니다. 하지만 만약 허파에 대해서 알아야 한다면 그때는 아마도 숨 쉬는 데 문제가 생겼기 때문일 것이다. 숨 쉬는 데 어려움을 겪는다면 그때는 허파의 구조를 이해하고 어떻게 작용하는지를 아는 게 상처를 파악하고 치유하는 데 도움이 되기 때문이다. 내 생각을 모른다는 걸 비로소 받아들이게 된 것도 내 생각을 모름으로써 어려움이 생겼을 때였다.

### 난 왜 늘 걱정이 많은가

어느 날 나는 내 생각을 잘 몰라서 소중히 여기던 사람에게 상처를 주고 있다는 것을 깨달았으며, 선택과 판단을 망설였고, 어떻게 살아가야 할지 불안해졌다. 그때 심정은 마치 높은 고가사다리차 위에 서 있는 것 같았다. 이전에는 높은 곳에 있었던 것을 몰랐었고 그래서 아무런 두려움이 없었다. 그러던 어느 순간 내가 높은 곳에 있다는 것을 깨닫자 갑자기 두려움이 엄습해왔다.

나는 내 생각을 꼭 알아야겠다고 결심했다. 그것만이 내 문제를 제대로 이해하고 해결할 수 있는 방법이라고 확신했기 때문이다. 이를 위해서 내가 처음 찾은 것은 책이었다. 하지만 어찌된 일인지 생각에 관련된 책들은 너무 일반적이거나 부분적이었다. 내 생각이 어떻게 만들어지고 그것을 어떻게 제어할 수 있을지를 아는 데 도움을 주는 책은 찾기 어려웠다. 결국 나는 내 생각을 스스로 알아야겠다는 생각을 하게 되었다. 사실 내가 알고자 하는 것은 전문지식도 아니었고 보편적이거나 일반적인 사항도 아니었다. 그것은 다른 어떤 사람의 것도 아닌 오직 나만이 들여다볼 수 있는 내 생각이었다. 나는 그때부터 오랜 시간 동안 내 생각을 관찰해 조금씩 알게 되었다.

내 생각을 알아가는 과정은 마치 끝없이 이어지는 징검다리를 건너는 것과 같았다. 하나의 돌을 건너뛰는 데는 오랜 시간이 걸렸으며 그때마다 생각에 대한 새로운 것들을 발견했다. 그리고 새로운 것을 알게 되면 그 이전에 알고 있었던 것들이 항상 부족했고 미완성이었다는 것도 알게 되었다. 생각을 아는 게 이런 식이라면 내가 아무리 오래 산다고 하더라도 만족할 만한 수준에 도달하지 못할 것이다. 미래에서 보는 현재의 나는 항상 어리석을 것이기 때문이다. 그래서 나는 결국 생각을 알려는 과정에 만족할 수밖에 없다는 것을 받아들이게 되었다.

### 과정의 행복

완성된 결과를 얻지 못했다고 과정이 무의미하다고 할 수는 없을 것이다. 과정을 통해서도 많은 걸 얻을 수 있기 때문이다. 나는 생각을 탐구하는 과정에서 너무나 많은 것들을 얻었다. 내가 소중히 여기는 것이 무엇인지를 비로소 알게 되었고, 내가 진정 원하는 것이 무엇이며 나의 존재가 어떠한 의미를 가지는지도 조금씩 깨닫게 되었다. 그리고 마침내 내가 어떻게 살아야 행복해질 수 있는지도 알게 되었다. 생각을 모르고 살았던 이전의 삶이 공중에 붕 떠 있는 불안정한 느낌이었다면, 지금의 나는 땅에 뿌리를 단단히 내리고 서 있는 느낌이 든다. 그리고 시간이 갈수록 내가 더욱 행복해질 거라는 확신이 든다. 소중한 사람들

에게 더욱 잘할 수 있을 것이며, 내가 원하는 것을 하나씩 더 발견하게
될 것이고, 내 존재의 의미를 깨달을수록 내 자신을 더욱 소중히 여길
것이다. 나처럼 자신의 생각을 모르고 살아온 사람들에게, 그리고 이제
부터라도 생각을 훈련해서 좀 더 행복하게 살고 싶은 사람들에게 내 고
민의 기록이 도움이 될 수 있기를 바란다.

기쁜 마음으로 용기를 낼 수 있게 도와준 친구 백상용, 아내 윤명자
에게 마음으로부터의 애정을 전하고 싶다. 아울러 기꺼이 출판을 맡아
준 도서출판 한울에도 진심으로 감사드린다.

2014년 1월
황선문

# 차 례

# ∴1장

## 나는 늘 무언가를 선택하는 게 어렵다

## 친구의 전화

퇴근하는 길에 고등학교 동창인 이진영에게 전화가 왔다. 그리 친한 사이는 아니었으나 군대 동기이기도 했고, 가끔 동창회에서 만나면 반갑게 인사하는 사이였다. 얼마 전 다른 친구로부터 진영이가 실직했다는 이야기를 들었던 게 기억났다.

"오랜만이다. 나야 진영이."

"어, 그래. 어쩐 일이야? 지난번 동창회에서 보고 처음이네. 별일 없지?"

"뭐, 그냥 그렇지. 그런데 저녁에 약속 있냐? 시간 되면 얼굴이나 봤으면 좋겠는데."

순간 실직한 친구를 만나면 십중팔구 거절하기 어려운 부탁을 받거나 그다지 유쾌한 자리가 되지 않을 거라는 생각이 스쳐갔다. 친한 사이였다면 내가 먼저 전화해 한잔 하자고 했을 테지만, 진영이와 나는 동창회에서나 가끔 얼굴을 보는 사이였던지라 썩 내키지 않았다. 더구나 오늘은 몸 상태가 그다지 좋지 않기도 했다. 하지만 생각과는 달리

나는 다른 대답을 하고 있었다.

"그래. 어디서 볼까?"

우리는 몇 마디 더 주고받고 전화를 끊었다. 전화를 끊고 나니 후회가 밀려왔다. 갑자기 약속을 정한 것도 그렇고 어제부터 감기 기운이 있던 터라 몸은 천근만근이었다.

진영이를 만나면 요즘 힘든 이야기를 들어주며 술도 마셔야 할 테고, 혹여 일자리나 금전적인 부탁이라도 해온다면 거절하기 힘들 테고, 그럼 난 또 여러 생각으로 복잡한 심정이 되어 현명하지 못한 판단을 할 게 뻔하다.

'그래, 잠시의 위로라도 주겠다고 만났다가 혹여나 내 의도와는 다르게 섭섭하게 할 수도 있으니, 나중에 내 상태가 좋아지면 내가 먼저 전화해 만나자고 하는 게 낫겠어. 오늘 몸이 너무 안 좋다고 솔직히 말하면 진영이도 이해해주겠지.'

몇 분을 더 고민하다 결국 난 진영이에게 전화해 오늘 보기로 한 약속은 취소하고, 조만간 다시 보자며 전화를 끊었다.

집으로 돌아와 감기약을 먹고 일찍 잠자리에 들었다. 잠자리에 들며 진영이와의 약속을 다음으로 미룬 건 잘한 일이라는 생각을 했다.

## 나도 모르게 달라져 있는 생각

나는 지그시 눈을 감고 마음의 준비를 했다. 하지만 누군가 내 뒤에서 재촉하는 것처럼 자꾸만 내 몸을 밀어댔다. 나는 크게 한숨을 쉬어보았다. 그러고는 몸을 앞뒤로 흔들면서 하나, 둘, 셋을 세고는 그대로 뛰어내렸다. 허공 속의 내 몸은 하염없이 뚝 떨어졌고 피는 거꾸로 치솟아 올랐다. 짜릿한 느낌이 등줄기를 관통하면서 식은땀이 온몸을 적셨다. '그래! 바로 이 느낌이었어!'

두 손에는 땀이 뱄고, 뭔가 잡지 않으면 안 될 것 같았다. 손을 뻗으려 안간힘을 쓰다 잠이 깼다. 스카이다이빙을 하는 꿈을 꾼 것이다. 꿈이었을 뿐인데도 기억은 현실처럼 생생했고, 손바닥은 땀으로 촉촉해져 있었다. 꿈속에서 스카이다이빙을 한 덕분인지 어제보다는 몸이 덜 무거웠다.

몸 상태가 나아져서인지 어제 진영이와의 저녁을 거절한 게 생각났고 후회가 되었다. 별로 친하지 않은 내게 전화해 저녁을 같이하자고 한 걸 보면 내게 꼭 할 말이 있거나 많이 외로워서였을 텐데, 조금 힘들더라도 보자고 할걸 그랬나 싶었다. 후회와 함께 매번 이렇게 어떤 결정을 내려놓고 나 자신이 한 선택에 후회하거나 갈팡질팡하는 내 모습이 한심하게 느껴졌다. 나는 자고 일어나자마자 내 생각이 바뀐 이유가 무엇인지 알고 싶어졌다. 우선 어젯밤부터 지금까지 무슨 변화가 있었는지를 찾아보았다. 아무리 궁리해봐도 생각이 바뀔 만한 어떠한 외적인 요인도 찾을 수 없었다. 그렇다면 내 생각이 스스로 변한 거라고밖에 볼 수 없지 않은가. 어젯밤에 나는 약속을 취소하는 게 낫다고 생각했고, 오늘 아침에는 그러지 말았어야 했다고 생각하고 있는 것이다.

사람의 생각이야 수시로 바뀔 수도 있다지만 이번 일은 영 마음이 편치 않았다. 요사이 부쩍 어떤 결정이나 선택을 하고 바로 후회하는 일이 잦아졌기 때문이다. 이런 일이 되풀이되다 보니 내가 경솔한 사람처럼 느껴지고, 같은 행동을 하더라도 내 생각에 따라서 전혀 다른 결과를 초래할 수 있는데, 생각을 조절할 수 있기는커녕 잘 알지도 못한다는 심한 자괴감이 든 것이다. 어제는 내가 왜 그렇게 생각했고, 오늘은 왜 이렇게 생각하고 있으며, 앞으로는 또 어떻게 변할지를 내 자신도 전혀 알지 못하고 있는 것이다. 나는 내 자신의 생각도 알지 못하는 사람인 것이다.

어쩌면 내가 내 생각을 모르는 게 이상한 일이 아닐 수도 있을 것이다. 지금껏 별로 불편함 없이 살았기 때문이다. 마치 몸 안에 있는 허파가 공기 중의 산소를 어떻게 받아들이는지 몰라도 숨을 쉬는 데 아무런 지장이 없는 것과도 같다. 만약 허파에 대해서 알아야 한다면 아마도 숨 쉬는 데 문제가 생겼을 때일 것이다. 숨 쉬는 데 어려움을 겪는다면 그때는 허파의 구조를 알고 어떻게 작용하는지를 아는 게 상처를 치유하는 데 도움이 되기 때문이다. 생각의 경우도 이와 다르지 않을 것이다.

## 아내는 내 생각을 알고 있다

침대에서 일어나 거실로 나왔다. 거실은 조용했고 집 안은 적막함마저 감돌았다. 아내는 초등학생인 큰딸 미나를 학교 앞까지 데려다주러 갔을 것이다. 나는 아침에 해야 할 일들을 하나씩 떠올려보았다. 문득 사람의 뇌가 컴퓨터가 작동하는 것과 유사하다는 생각이 들었다. 잠에서 깨어나 생각이 떠오르는 과정이 컴퓨터를 켜면 프로그램이 하나씩 작동되는 것과 비슷한 것 같았기 때문이다.

내가 해야 할 일은 아내가 돌아오기 전에 유치원생인 작은딸 지나를 깨워 씻긴 후에 밥까지 먹이는 것이다. 시계는 8시 10분을 가리키고 있었고 이제 정말 일어나야 할 시간이 되었다. 아내는 불과 몇 분 이내에 집에 돌아올 것이고 더 이상 지체할 수 없다. 하지만 이 지경이 되어도 게으른 내가 벌떡 일어난다는 건 결코 쉬운 일이 아니다. 이럴 때 사용하는 나만의 비법이 있다. 바로 상상으로 현실적인 느낌을 불러일으키는 것이다. 이를테면 소풍을 상상하면 즐거움이 떠오르고 귀신을 상상하면 무서움이 떠오르는 것처럼 나는 아내의 화난 얼굴을 상상해보았다. 언제나 그랬던 것처럼 몸이 움찔하더니 조건반사처럼 벌떡 일으켜졌다. 그러자 기다렸다는 듯이 현관문이 열리며 아내가 들어왔다.

평소에 아내는 내 질문보다는 나의 의도에 답할 줄 안다. 답변은 간단했지만 아내는 내가 무슨 생각을 하고 있으며 진짜 물어보고 싶은 게 무엇인가를 정확히 짚어낸다. 가끔씩 아내가 내 속에 들어 있는 것은 아닐까 놀랄 때가 있다.

문득 아내가 자기 생각을 얼마나 잘 알고 있는지 궁금해졌다.

"당신은 당신 생각을 잘 안다고 생각해?"

나의 질문이 뜬금없었을 텐데 아내는 역시 간단하게 대답한다.

"그럼, 알지."

나는 아내가 이 질문이 얼마나 어려운지 그 진의를 잘 모르고 있을 거라는 생각이 들었다. 그래서 다시 한 번 물었다.

"그러니까 당신은 어떤 일을 선택하고 난 후에 후회를 하거나 변경한 적이 없었어?"

아내는 역시 간단하게 답한다.

"후회 안 해! 해도 소용없잖아."

나는 할 말이 막혀버렸다. 그래도 다시 한 번 물어보았다.

"그럼 당신은 지금 무슨 생각을 해?"

아내는 제법 애교스럽게 까르르 웃고는 자기 생각을 하나씩 늘어놓았다.

"당신은 또 뭔가에 빠져 한참을 고민할 거라는 것, 그리고 그 고민은 '생각'이라는 것, 그리고 너무 고민하다가 체할지 모른다는 것."

아내는 새삼 생각난 듯이 물어보았다.

"오늘 점심은 어떻게 해?"

"응, 동료들하고 같이 점심 먹는 날인데 갈까 말까 망설여지네."

"그럼 즐겁게 먹어, 당신은 사람 좋아하잖아."

내가 사람을 좋아한다고? 아내는 내가 사람과의 만남을 얼마나 힘들어하는지 모르는 것 같았다. 아내의 말에 수긍할 수는 없었지만 그렇다고 항변하지는 않았다. 결국은 아내의 말이 옳았던 적이 수없이 많았기 때문이다.

아내는 이것으로 오늘 아침에도 새로운 질문 하나를 던져준 셈이다. 내가 정말 사람을 좋아할까? 언제나 그랬듯이 이 질문은 답이 구해질 때까지 내 머릿속에서 떠나지 않을 것이다.

# 생각을 모르는 이유

## 나는 나를 쳐다보지 못한다

아내는 서둘러 출근 준비를 했다. 가방을 손에 걸치고 외투를 챙겨 든 채로 빠진 것이 없나 한 번 휘 둘러보더니 무엇인가 생각난 듯이 내게 다가왔다.

"오늘은 꼭 등록해야 돼?"

아내는 며칠 전부터 위 내시경검사를 받아야 한다고 채근했었다. 나는 괜찮으니 할 필요가 없다고 말은 했지만 실은 다른 이유가 있었다. 검사 결과가 무서웠던 것이다. 만약 문제라도 생긴다면 어떻게 한단 말인가. 나는 내 몸에 숨어 있을지도 모르는 문제들을 들춰내는 것이 두렵고 감당할 엄두가 나지 않았다. 나는 이럴 때면 늘 그랬듯이 건성으로 대답했다.

"응, 알았어."

"꼭!"

"그래 알았다니까!"

나는 화제를 돌릴 만한 무엇인가를 찾아보았다.

그때 아내의 입가에 무언가 묻은 게 보였다.

"토마토 껍질인가?"

아내는 손을 쓸어서 그것을 떼어내고는 이내 내 입가에서도 무엇인가를 닦아주었다.

"그럼 이따 봐요."

아내가 나간 집에는 이제 지나와 나만 남았다.

'저렇게 똑똑한 여자가 왜 자기 입가에 묻은 토마토 껍질은 모를까?'

나는 혼잣말로 중얼거렸다. 하긴 사람의 눈이란 구조적으로 상대 방만을 바라볼 수 있지 자신의 얼굴을 쳐다볼 수는 없게 되어 있다. 그래서 나는 아내의 얼굴에 묻은 것을 보았고 아내는 내 입가에 묻은 것을 떼어주었던 것이다. 그렇다면 혹시 생각도 이와 마찬가지가 아닐까? 두 사람이 서로 이야기할 때 자신의 생각은 알지도 못하면서 상대 방 생각만을 알려고 하는 것은 아닐까?

얼굴이나 생각을 직접 볼 수 없더라도 반드시 알 수 없는 것은 아니다. 얼굴은 거울이라는 편리한 매개체를 통해 간접적으로나마 쳐다볼 수 있기 때문이다. 나는 문득 생각을 비춰볼 수 있는 거울이 있으면 얼마나 좋을지 생각해보았다. 물론 이 세상에 생각을 비춰볼 수 있는 거울은 존재하지 않으며 그 어떠한 방법으로도 생각을 쉽게 알 수는 없을 것이다. 그렇다면 유독 나만 멍청하거나 소홀했기 때문에 내 생각을 모르는 게 아닐지도 모른다. 나는 편하게 생각하기로 했다. 사람은 누구나 자신의 생각을 알기 어려우며 그래서 나도 내 생각을 잘 모르는 거라고.

## 나는 현실을 알려 하지 않았다

지나는 이미 나갈 준비가 다 되었고 이제 나만 준비하면 된다. 화장실에 들어가 칫솔에 치약을 묻히고는 거울에 비친 내 얼굴을 쳐다보았다. 고개를 든 내 앞에는 중년의 남자가 나를 바라보고 있었다. 흰 머리카락이 조금씩 삐져나오고 주름진 얼굴에서는 윤기란 찾아볼 수 없었다. 내가 생각하는 나는 아직 젊고 건강하다. 나는 끔찍한 것을 보았다는 듯이 얼른 고개를 돌리고 이를 닦았다. 옛날 생각이 났다. 어렸을 때에는 친구들 사이에서 한 살이라도 누가 더 먹었는지를 가지고 서로 우겼던 때가 있었다. 하지만 어느 때부터인지 나이 먹는 게 부담스럽기 시작했다. 생일이 되어도 기쁘지 않았고 이제는 애써 감추려고까지 한다. 나는 아직도 자유롭고 싶으며 이십대 때의 감정을 그대로 즐기고 싶다. 나이는 그저 숫자에 불과할 뿐이고 그 어떠한 의미도 부여하고 싶지 않다. 하지만 거울 속의 저 남자는 나의 현실이고 나는 결국 그를 쳐다볼 수밖에 없다는 것을 잘 알고 있다. 나의 상상은 현실에 부딪히면 언제나 산산이 부서져버린다. 나는 현실 속에 사는 것처럼 행세하지만 나의 이런 모습을 보면 상상 속에서 살고 있었던 것만 같다.

상상은 아무리 간절하더라도 상상일 뿐 현실이 되지 않는다. 젊은 나의 모습을 온종일 상상한다고 해서 젊어지는 건 아니다. 나는 거울 속의 나를 쳐다보았다. 그 속의 나는 잔주름이 생겨나고 흰머리도 많아져서 더 이상 젊은 날의 모습은 찾아볼 수 없다. 현실을 보는 건 항상 두려운 일이다. 하지만 바로 저 얼굴이 내 본모습이기도 하고 아내가 바라보는 내 얼굴이기도 하다. 문득 내 생각을 모르는 이유도 이와 마찬가지가 아닐까 하는 생각이 들었다. 내가 내 얼굴을 쳐다보려고도 하지 않았으며 그대로 받아들이지 못하는 것처럼 생각도 알려고 하지 않았을지도 모른다.

# 생각을 알아야 하는 이유

나는 화장실에서 나와 옷을 입었다. 이제 지나를 유치원 차에 태워 보내면 내가 맡은 아침 임무는 끝난다. 나는 노란색 가방을 챙겨 들고 소파에 앉았다. 지나는 TV를 보면서 율동을 따라 하기도 하고 까르르 웃기도 하면서 어린이 프로그램에 푹 빠져 있다. 나는 몸을 소파에 비스듬히 뉘고는 지나의 뒷모습을 흥미롭게 쳐다보았다. 저렇게도 재미 있을까?

지나의 뒷모습을 멍하니 바라보다 문득 몇 가지 생각이 연결된 것처럼 동시에 떠올랐다. 나는 진영이와의 약속 때문에 갈팡질팡했고, 아내와의 대화에서 기를 펴지 못했으며, 친구들과의 만남은 항상 힘들었다. 그리고 그 원인이 내 정확한 생각을 모르기 때문이라는 것도 알게 되었다. 문득 '너 자신을 알라'고 했던 소크라테스의 말이 떠올랐다. 그가 말한 '너 자신'이란 '너 자신의 생각'일 것이다. 그리고 이 말이 현재까지 전해져 올 수 있었던 것은 지금도 같은 고민들을 하고 있기 때문일 것이다. 결국 사람들은 오랜 세월 동안 같은 고민을 하고 있었던 것이다.

나는 내 생각을 어떻게 정확히 알 수 있을지 궁리해보았다. 생각이란 원래 내 머릿속에 있는 것일 텐데 확실치도 않으며 손에 잡히는 것도 아니다. 마치 미지의 세계를 탐험하는 것 같은 기분이 들었다. 그리고 미지의 세계는 항상 위험이 따르기 마련이다. 갑자기 두려운 생각이 들었다. 지금의 내 처지가 마치 얼굴이 붕대에 감겨 있어 볼 수 없는 것과 같지 않은가? 그리고 이 붕대를 풀게 되면 그동안 몰랐던 내 얼굴을 마침내 볼 수 있게 될 것이다. 만약에 상상했던 모습과는 달리 나의 실체가 비열하고 흉포하다면 나는 어떻게 해야 되나? 그렇다면 붕대를 풀지 않는 것만 못하지 않은가. 선택은 항상 나를 망설이게 한다.

∴ 2장

# 생각은 어떻게 만들어지나?

## 생각이 만들어지는 과정

출근 시간이 지나서인지 아파트 단지는 한산했다. 우리는 유치원 버스가 정차하는 도로 옆 정자를 향해 천천히 걸어갔다. 정자에 가까이 가기도 전에 먼저 나와 기다리고 있던 지나 친구 현오가 손을 흔들며 다가온다.

"안녕하세요?"

현오는 나에게 배꼽 인사를 하더니 지나 손을 잡고는 자기가 놀던 곳으로 끌고갔다. 인도 옆에는 제설용으로 쌓아둔 모래가 흩어져서 작은 모래밭으로 변해 있었고, 아이들은 놀이터라도 되는 양 그곳에 풀썩 주저앉아 버렸다. 현오 어머니한테 고개 숙여 인사를 드렸지만 내 인사는 받는 둥 마는 둥 하면서 아이들에게 소리부터 지른다.

"옷에 흙 묻히지 마! 금방 차 올 거야!"

현오 어머니는 아이들을 일으켜 세우고는 엉덩이에 묻은 흙을 부산하게 털어주었다. 이제부터 아이들은 현오 어머니가 보살필 것이다. 나는 갑자기 할 일이 없어져버렸다.

나는 뭔가 일거리를 찾으려고 주변을 두리번거렸다. 사람들 사이에서 할 일 없이 빈둥대는 것보다 더 부자연스런 일은 없을 것이다. 나는 아이들처럼 모래 장난이나 할 셈으로 모래밭 한쪽 옆에 쪼그려 앉았다. 그러고는 작은 막대기 하나를 쥐고 아무 생각 없이 이런저런 모양을 그려보았다. 아무 모양이나 그려보고 있는데 내 쪽으로 어떤 여자가 다가오는 게 보였다. 언뜻 눈에 띈 날씬한 다리를 보다 내 시선은 자연스럽게 그녀의 얼굴 쪽으로 올라갔다. 그리고 순간 그녀의 눈과 마주쳤다. 그녀의 긴 생머리는 방금 감은 것처럼 촉촉했고, 한 번 가볍게 미소 짓고는 나를 지나쳐버렸다. 그녀의 모습은 순간적이나마 나의 심장을 뛰게 만들었고 나는 얼른 고개를 숙여버렸다. 그녀의 뒷모습을 보고 싶었지만 차마 그럴 용기가 나지 않았고 의미 없는 원과 네모 등을 그리는 일에 열중한 체했다. 괜스레 웃음이 났다. 지금 이 나이에 내 꼴이 뭐란 말인가.

행여 내 행동이 들켰을까 싶어 주변을 둘러보았다. 지나는 여전히 모래 장난에 열중이었고 현오 어머니는 정자에 앉아 먼발치에서 아이들을 보고 있었다. 주변에서 나의 행위나 생각에 관심을 갖거나 알아챈 사람은 아무도 없었던 것 같다.

나는 모래 위에 막대기로 별이며 삼각형 등을 그리면서 생각에 잠겼다. 생각은 호기심 많은 강아지처럼 어떠한 규제도 받지 않고 아무데나 돌아다닐 수 있을 것이다. 이렇게 모래밭에 앉아 해변이나 사막을 떠올릴 수도 있었을 텐데, 왜 하필 그 여자 얼굴이 보고 싶다는 생각이 들었을까?

모르는 문제를 접하면 그림을 그려보는 것도 좋은 방법이다. 딱히

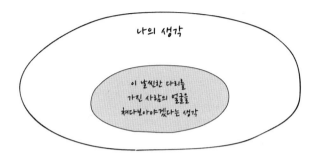

답이 나오지 않더라도 이러저리 모양을 만들다보면 우연히 좋은 생각이 떠오를 수 있기 때문이다. 나는 먼저 모래 위에 원을 그리고 그 안에 '이 날씬한 다리를 가진 사람의 얼굴을 쳐다보아야겠다는 생각'을 써넣었다. 그러고는 그 글을 쳐다보면서 왜 그런 생각이 떠올랐는지를 생각해보았다.

동그라미를 그려놓고는 가만히 앉아서 나는 원 안의 글을 쳐다보았다. 한참 시간이 흘렀지만 아무런 생각도 나지 않았고 어떠한 힌트도 구하지 못했다. 나는 참을 수 없는 답답함을 느꼈다. 생각은 마치 배출구만 있는 생명체 같았다. 나오는 것은 있는데 그것이 어떻게 만들어졌으며 왜, 그리고 어느 때 나오는지는 전혀 알지 못하고 있으니 말이다. 약속에 대한 생각이 아침에 왜 변했는지 몰랐던 것처럼 지금도 내가 왜 그 여자를 쳐다보고 싶었는지를 알 수 없었다.

나는 문득 원 안의 글이 무엇인지를 생각해보았다. 그리고 '이 날씬한 다리를 가진 사람의 얼굴을 쳐다보아야겠다는 생각'이 바로 생각의 결과라는 걸 깨달았다. 그렇다! 나는 다만 생각이 만들어지는 과정을 몰랐을 뿐이지 그 결과는 이미 알고 있었다. 나는 이제 문제를 풀 수 있는 한 가닥의 실마리를 잡은 것이다. 생각의 과정과 결과라는 두 개의 문제가 있었는데 그중 하나는 이미 그 문제 속에 포함되어 있었다. 아무리 복잡하게 엉켜 있는 실타래도 풀려 있는 한 가닥만 찾으면 그다음부터는 쉽게 풀어나갈 수 있다. 그리고 생각의 과정도 풀 수 있을 거라는 기대를 가져보았다. 결과를 알고 과정을 모를 때는 공학에서는 흔히 역설계라는 방법을 사용한다. 역설계란 원래 설계하는 순서를 거꾸로 하는 것을 말한다. 예를 들어 자동차를 제대로 만들려면 먼저 설계를 하고 그 후에 설계대로 자동차를 만드는 것이다. 하지만 자동차를 설계할 능력이 없는 경우에는 때론 거꾸로 하기도 한다. 이미 만들어진 자동차를 구입하여 이를 분해하면서 설계도면을 만드는 것이다. 그런 다음 이 설계도면대로 자동차를 만드는 방식이다.

나는 '이 날씬한 다리를 가진 사람의 얼굴을 쳐다보아야겠다는 생각'이라는 완성품을 이미 가지고 있다. 그렇다면 이 생각을 하나씩 분해해가면서 역으로 거슬러 올라가면 생각의 과정을 알 수 있을 것이다. 나는 차분히 기억을 더듬어보았다. '이 날씬한 다리를 가진 사람의 얼굴을 쳐다보아야겠다는 생각'이 떠오르기 바로 전에는 무엇이 있었을

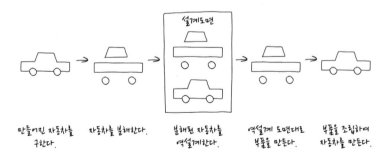

만들어진 자동차를 구한다. 자동차를 분해한다. 분해된 자동차를 역설계한다. 역설계 도면대로 부품을 만든다. 부품을 조립하여 자동차를 만든다.

까? 그래! 나는 고개를 숙인 채로 모래밭에 무엇인가 적고 있었는데 내 시야에 날씬한 다리가 보였었지! 그러니까 외부로부터 내 머릿속에 날 씬한 다리라는 정보가 들어왔기 때문에 '이 날씬한 다리를 가진 사람의 얼굴을 쳐다보아야겠다는 생각'이 만들어졌던 것이다. 나는 모래 위에 '날씬한 다리가 보였다'라고 써넣었고 생각의 결과에 화살표로 연결시 켜보았다.

그림을 그려놓고 보니 그렇게 답답했던 생각의 생성 과정의 첫걸음 을 뗀 것 같았다. 하지만 이 그림처럼 외부에서 정보가 들어온 것만 가 지고 생각이 만들어진다는 것은 무엇인가 크게 미흡한 것 같았다. 정말 그렇다면 내가 쳐다보거나 듣는 것들마다 모두 생각이 떠올라야 할 것 이다. 하지만 고개를 들어 구름을 쳐다보거나 모래를 쳐다보아도 아무 런 생각이 떠오르지 않았다. 이처럼 눈에 띈 모든 것들이 생각을 불러 오는 것은 아니다. 나는 이런 차이가 왜 생기는지 궁금해졌다.

나는 길 저편으로 걸어가는 남자를 쳐다보았다. 역시 아무런 생각 도 나지 않았다. 나는 왜 날씬한 다리를 보았을 때는 생각을 했고 하늘,

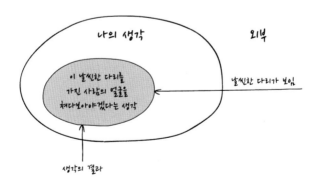

모래, 길 가는 남자 등을 보면 아무 생각도 나지 않는 것일까? 나는 그 차이가 내 내부에 있지 않을까 하는 추측을 해보았다. 날씬한 다리가 내 내부의 무엇인가를 자극하여 끄집어냄으로써 생각이 만들어졌다고 본 것이다. 나는 이러한 추론을 잊지 않기 위해서 모래 위에 즉시 그려 넣었다.

그림을 그려놓고 보니 결국 생각은 외부에서 들어온 정보에 대해서 나의 내부에서 무엇인가가 반응하여 만들어졌던 것이다. 여기에서 외부에서 들어온 정보는 생각을 불러일으키는 시발점이 되었으니 생각의 씨앗 역할을 했다는 생각이 들었다. 그렇다면 생각의 씨앗에 대하여 내부에서 반응한 것은 무엇이었을까? 그 여자의 '날씬한 다리'는 남자인 나의 성적인 호기심을 불러일으켰을 거라고 짐작되었다. 내가 이렇게 추측하는 이유는 그때 만약에 남자의 굵직한 다리가 보였더라면 굳이 그의 얼굴을 보고 싶다는 생각이 들지는 않았을 것이기 때문이다. 나는 이제 그림의 내부적인 반응에 '본성'이라고 적어 넣었다.

비록 간단하게 그렸지만 '생각의 과정'이라고 이름 붙인 이 그림에

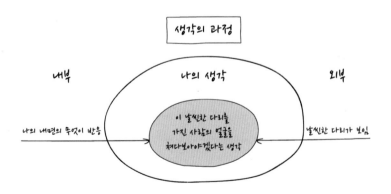

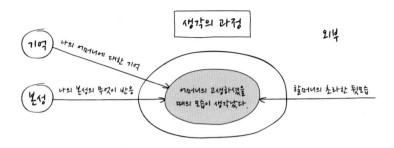

나는 대단히 뿌듯해졌다. 나는 이 생각의 과정이 다른 것에도 적용될 수 있는지 시험해보고 싶어졌다. 주변을 둘러보니 허름한 옷을 입은 할머니가 눈에 띄었다. 허리를 구부리고 천천히 걸어가시는 뒷모습이 너무나 초라하게 느껴졌다. 순간 돌아가신 어머니가 떠올랐다. 젊어서는 부족함 없이 사시던 분이 말년에는 허름한 옷을 입고 시장에 가시곤 했다. 나는 방금 만든 생각의 과정에 '어머니의 모습'이 어떻게 만들어졌는지 적용해보았다. 우선 '할머니의 초라한 뒷모습'이라는 생각의 씨앗이 내 머릿속에 들어왔을 것이다. 그리고 내 안에서는 어머니에 대한 기억이 반응해 '어머니의 모습이라는 생각'이 떠오른 것이다. 이번의 경우를 보면 나의 내부에서는 본성뿐만 아니라 나의 기억에 의해서도 반응할 수 있다는 것을 보여주었다. 나는 모래 위에 그려져 있는 그림 위에 기억을 덧붙였다. 무엇인가 하나씩 더해질수록 나의 생각을 조금씩 더 알아가는 것 같아서 만족스러웠다.

문득 왜 할머니나 날씬한 다리에는 반응을 하고 구름이나 모래, 좀 전의 남자에 대해서는 반응하지 않았는지 궁금해졌다. 그 구분은 어떻게 이루어지는 걸까? 나는 그 이유를 단순히 생각하기로 했다. 그것들은 나의 본성을 자극하지도 못했고 기억 속에도 관련된 것들이 없기 때문일 거라고 추측해버렸다.


## 생각의 씨앗과 내부의 반응

이런 생각에 한참 빠져 있는데 유치원 차가 도착했다. 지나는 손을 흔들더니 선생님을 따라 차에 올랐다.

유치원 차가 멀어질수록 많은 차들이 그 옆을 지나쳤지만 오직 그 차만이 눈에 들어왔다. 이런 것을 보면 사람의 눈이란 그저 보는 기능만 있는 게 아닌 것 같다. 내가 보고 싶은 것, 관심이 있는 것을 용케도 알아 그것을 집중적으로 보기 때문이다. 요즈음은 지나가 유치원을 다니고 있어 길을 다닐 때면 유독 유치원생들이 눈에 많이 띄었다. 아마 지나가 중학교에 들어가면 중학생들이, 대학교에 가면 대학생들이 눈에 많이 띌 것이다. 이런 걸 보면 보이거나 들리는 게 중요한 건 아닌 듯하다. 정작 중요한 건 '생각나게 만드는 것'인 듯하다. 이제 나는 눈과 귀는 굉장히 많은 것을 보고 들을 텐데 왜 하필 특정한 것만 생각하는지에 관심이 쏠렸다.

문득 가을철 들녘의 씨앗이 생각났다. 가을꽃들은 수많은 씨앗을 만들어내지만 그중 정작 꽃을 피우는 건 아주 소수에 불과하다. 꽃을 피우기 위해서는 우선 씨앗이 땅에 잘 안착해야 할 것이고, 수분과 영양분도 제대로 공급되어야 하며, 날씨도 적합해야 한다. 생각도 이와 마찬가지가 아닐까? 나의 오감이 열려 있는 동안 보고, 듣고, 맛보고,

냄새 맡고, 감촉을 느끼면서 수많은 생각의 씨앗들이 내 머릿속에 들어올 것이다. 하지만 이 중에서 오직 일부만이 내 본성이나 기억으로부터 반응을 이끌어내었을 것이고 그래서 겨우 몇 개의 생각만이 만들어졌을 것이다.

뉴턴의 사과가 생각났다. 그는 생가에 있는 사과나무 주변에 있다가 사과가 떨어지는 것을 보고 만유인력의 원리를 생각해냈다. 수많은 사람들이 사과 떨어지는 것을 보았을 텐데 왜 뉴턴만 그런 생각을 하게 되었을까? 사실 뉴턴이 사과 떨어지는 것을 본 것은 처음에는 그의 머릿속에 생각의 씨앗이 들어온 것에 불과했을 것이다. 시골에서 자란 나도 사과 떨어지는 것을 수도 없이 봤지만 단 한 번도 만유인력을 생각해본 적이 없다. 우리들의 차이는 무엇이었을까? 뉴턴의 머릿속에는 '사과가 땅으로 떨어진다는 생각의 씨앗'에 반응하는 물리적인 지식이 있었지만 나에게는 없었다는 점이다. 나는 이제야 사람들이 같은 현상을 경험하고도 왜 각기 다른 생각을 하는지 이해할 수 있게 되었다.


## 사람의 본성과 기억은 모두 다르므로
## 생각도 모두 다르다


나는 하늘을 보거나 아스팔트길을 보거나 연탄재를 보아서는 별 생각이 나지 않지만 어떤 사람들은 아주 특별한 의미를 생각해내기도 한다. 옛날 연탄 때던 시절에 나도 어머니를 도와서 우리 집 연탄을 갈곤했다. 날마다 연탄재를 봐왔지만 귀찮다는 것 외에는 아무런 생각도 한

적이 없었던 것 같다. 그러던 어느 날 안도현 시인의 시, 「연탄재 함부로 발로 차지 마라」를 읽게 되었다.

이전에는 연탄재를 보고 그런 감정을 느낀 적은 단 한 번도 없었을 뿐더러 내가 함부로 대했던 연탄재가 그렇게 소중한 것이었는지도 몰랐다. 하지만 이 시를 읽고 난 후에는 왠지 연탄재를 볼 때마다 그 생각이 떠올라 함부로 할 수 없게 되었다. 내 생각은 시인처럼 아름답지 않았으며 이런 생각을 하지 못했다는 게 부끄럽기까지 했다. 하지만 얼마의 시간이 지나자 내가 시인과 다른 생각을 가지고 있다는 게 전혀 부끄러운 일이 아니라는 것을 깨달았다. 우리는 서로 다른 사람이기 때문이다. 시인은 연탄재를 보고 심금을 울리는 시를 썼지만 내게 연탄재는 눈이 내려 미끄러워진 골목길을 사람들이 걸어 다니기 좋게 하기 위해 땅 위에 내팽개쳐져야 하는 미끄럼 방지제였고 보통 때는 쓰레기 수레에 실어 날라야 하는 일거리였을 뿐이다. 시인은 연탄재와 그리고 비유되는 것들의 소중함을 일깨워줬지만(사소한 것에도 특별함을 부여하니까 시인이겠지만) 나에게 연탄재는 생활 쓰레기의 의미가 더 컸던 것이다.

세상의 모든 사람들은 각자 자신만의 본성과 기억을 가지고 있기 때문에 오직 자신만의 생각을 가지게 되는 것이다.


## 생각의 과정과 결과, 그리고 기억

지나의 유치원 차가 보이지 않을 때까지 지켜보다 집으로 돌아왔다. 마침 TV에서는 예쁜 스튜어디스가 나와서 항공사 선전을 하고 있었다. 나는 문득 '항공사 스튜어디스도 스카이다이빙 훈련을 받을까?' 하는 생각이 들었다. 사실 내가 이런 생각을 하는 건 참 쓸데없는 짓이다. 스튜어디스가 스카이다이빙 훈련을 하건 말건 나하고는 직접적인 상관이 없기 때문이다. 그런데 내가 왜 이 생각을 하고 있을까? 나는 문득 모래 위에 그려보았던 생각의 과정이 떠올랐다. 생각은 절대 그냥 생기지 않는다. 분명히 나의 내부에서 무엇인가 대응하는 게 있었기 때문일 것이다. 나는 그게 무얼까 곰곰이 생각해보았다. 그러고는 바로 간밤에 꾼 스카이다이빙에 대한 꿈 때문이었을 거라고 추측했다. 나는 방금 전 떠올랐던 '항공사 스튜어디스도 스카이다이빙 훈련을 받을까?' 라는 생각이 만들어진 일련의 과정을 순서대로 정리해보고 싶어졌다.

우선 첫 번째로 생각의 씨앗인 '예쁜 스튜어디스가 항공사 선전을 하는 영상'이 내 머릿속에 들어왔을 것이다.

두 번째로는 내 본성과 기억 속에서 무엇인가가 대응을 했을 것이다. 대응되었던 것들로는 간밤에 꾸었던 '스카이다이빙'에 대한 꿈과 내가 항상 관심을 갖는 '교육' 그리고 나의 본성을 자극할 만한 스튜어디스의 '예쁜 모습' 등이 떠올랐을 것으로 짐작된다.

세 번째로는 생각의 씨앗과 본성이나 기억에서 떠오른 것들이 상호작용하여 다양한 생각이 만들어졌을 것이다. 예를 들면 '스튜어디스는 정말 예쁘구나!'라든지 '비행기 승무원도 스카이다이빙 교육을 받아야 하지 않을까?' 또는 '스카이다이빙을 하는 스튜어디스의 모습?' 등의 생각이 만들어졌을 것이다.

네 번째로는 생각의 과정을 통해서 만들어진 '스튜어디스도 스카이다이빙 교육을 받을까?'라는 생각이 결과로 남게 되었다.

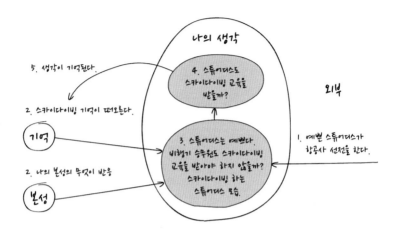

마지막으로, 생각의 결과는 강하게 혹은 희미하게 기억되었을 것이다. 나는 생각이 만들어지는 과정과 결과를 그림으로 그려 보았다. 새로 그려본 그림은 모래밭에서부터 그렸던 그림들을 모두 한곳에 모아놓은 것이다. 그림에서는 생각의 씨앗으로부터 시작하는 생각의 과정과 결과 그리고 기억을 모두 포함하고 있다. 이 생각 그림을 완성함으로써 이제 나는 생각이 어떻게 만들어지고 기억되며 그 기억이 어떻게 다시 떠오르는지에 대한 생각의 순환을 이해할 수 있게 된 것 같다.


## 생각 조각

### 생각의 기본 단위, 생각 조각

나는 소파에 길게 누워 눈을 감았다. 가만히 있으려니 온갖 생각들

생각의 과정과 결과

| 순서 | 생각의 과정 | | | | 생각의 결과 |
|---|---|---|---|---|---|
| | 생각의 씨앗 | 본성 | 기억 | 생각의 생성 | |
| 1 | 날씬한 다리의 여자 | 여자에 대한 호기심 | 다리가 예쁜 여자가 아름답다. | 다리가 날씬하면 몸매도 날씬할 것이다. 날씬한 다리의 여자는 얼굴도 예쁠 것이다. | 날씬한 다리를 가진 여자의 얼굴을 보고 싶다. |
| 2 | 허름한 옷차림의 할머니 | 어머니에 대한 그리움 | 어머니에 대한 기억들 | 어머니가 시장 다녔을 때 허름한 옷을 입고 다녔었다. 허름한 옷을 입은 어머니 모습이 생각난다. | 어머니 생각이 난다. |
| 3 | 스튜어디스의 TV 항공사 선전 | 여자에 대한 호기심 | 스카이다이빙에 대한 기억 | 스튜어디스는 예쁘다. 비행기 승무원도 스카이다이빙 교육을 받아야 하지 않을까? 스카이다이빙하는 스튜어디스 모습. | 스튜어디스도 스카이다이빙 교육을 받을까? |

이 떠오른다. '아침에 보았던 다리가 예쁜 아가씨', '누추한 모습의 할머니' 그리고 '스튜어디스의 스카이다이빙'이 머릿속을 맴돌았다. 나는 문득 이러한 생각들 하나하나가 일정한 형태를 갖춘 독립적인 단위로 구성되어 있다는 생각이 들었다. 모두 생각 씨앗이 있었고, 나의 내부에서 본성이나 기억이 반응했으며, 다양한 생각이 만들어지다가 결국 생각의 결과를 만들어냈다. 나는 이를 정리하고 싶은 생각이 들어서 소파에서 후다닥 일어났다. 그리고는 종이를 한 장 꺼내서 오늘 아침에 했던 생각들을 표로 만들어보았다.

생각들을 일렬로 적어놓고 보니 몇 가지 공통점이 눈에 띄었다. 우선 모두 같은 구성 요소를 가지고 있다는 점이다. 각각은 생각의 씨앗, 본성과 기억의 반응, 여러 가지 생각들의 생성, 그리고 생각의 결과가 있었다. 두 번째 공통점은 각각이 일정한 형태를 갖춘 독립적인 작은 단위를 이루고 있다는 점이다. 다른 것과 구분되는 것은 자기만의 이름을 가질 수 있다. 그래서 나는 이를 '생각 조각'이라고 부르기로 했다. 세 번째 공통점은 생각 조각은 그대로 기억되었다가 다시 떠올려지기도 한다는 점이다.

사람의 몸이 복잡한 것처럼 보여도 결국은 세포로 이루어졌듯이 나의 생각도 생각 조각이라는 작은 단위들로 이루어진 것으로 보인다. 예를 들어 내가 비행기를 조금 알고 있다는 것은 비행기에 대한 생각 조각들을 조금 기억하고 있다는 뜻이며, 자동차를 잘 알고 있다는 것은 자동차에 대한 생각 조각을 아주 많이 기억하고 있다는 뜻이다.


## 생각의 연상

소파에서 이런저런 생각에 빠져 있는데 TV에서는 어린이 프로를 계속하고 있었다. 끝날 때가 되었는지 출연한 아이들이 모두 나와서 손을 흔들면서 노래를 부른다.

> 원숭이 엉덩이는 빨개
> 빨가면 사과, 사과는 맛있어
> 맛있으면 바나나, 바나나는 길어
> 길으면 기차, 기차는 빨라
> 빠르면 비행기, 비행기는 높아

높으면 백두산

이 노래는 하나의 생각이 다음 생각을 떠올리게 하고 그 생각은 다시 다음 생각을 떠올리게 한다. 나는 문득 생각들이 이렇듯 연결되어 있다면 생각 조각들이 독립적이라는 나의 견해는 잘못된 것은 아닌지 하는 고민을 해보았다. 그리고 어려운 문제가 있을 때마다 그랬듯이 엎드린 채로 종이에 그림을 그려보았다.

노래는 원숭이의 모습을 보면서 시작이 되는데 첫 번째 생각은 원

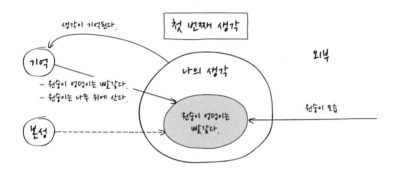

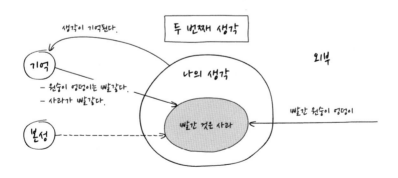

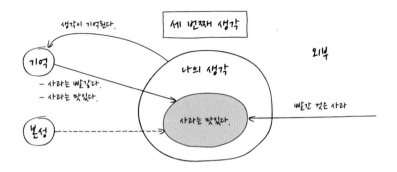

세 번째 생각

생각이 기억된다.

기억
- 사과는 빨갛다.
- 사과는 맛있다.

본성

나의 생각

사과는 맛있다.

외부

빨간 것은 사과

숭이의 모습을 보자 엉덩이가 빨갛다는 기억이 떠오르고 그로 인해서 '원숭이 엉덩이가 빨갛다'는 생각이 떠올랐다는 것이다.

나는 문득 그림에서 원숭이 엉덩이가 빨갛다는 생각의 결과는 저장 되었을 뿐만 아니라 다음 생각의 씨앗으로도 쓰일 수 있었다는 점을 발 견했다. 그래서 이제 대상은 원숭이에서 '빨갛다'로 옮겨진 것이다.

두 번째로 빨갛다의 모습을 떠올리자 가장 인상 깊은 빨강은 사과 였다. 그래서 '빨강은 사과'라는 생각이 떠오른 것이다.

마찬가지로 생각의 결과인 사과가 빨갛다는 것은 저장되었을 뿐만 아니라 다음 생각의 씨앗이 되었다. 이런 식으로 사과에서 바나나로 바 나나에서 기차로 연결되었던 것이다. 나는 이 그림을 간단하게 다시 그 려보았다. 그림을 그려놓고 보니 생각의 결과가 다음 생각의 씨앗으로 활용되어 새로운 생각을 만들어냈고, 다시 이런 현상이 이어짐으로써 연상 작용이 지속적으로 일어났던 것이다.

한 가지 생각을 하면 그것이 새로운 생각으로 이어져서 끝도 없는 생각 속에 빠지게 되었던 까닭을 이제야 알 것 같았다. 문득 오늘 아침 에 시작되었던 생각이 지금껏 이어지고 있다는 생각이 들었다. 오늘 아침에 어제 진영이와의 약속 생각을 하게 되었고, 내가 나의 생각을 모른다는 것을 생각하게 되었으며, 그 생각을 알기 위해서 지나가는 아가씨와 할머니에 대한 생각이 왜 떠올랐는지를 생각하게 되었고, 생각의 과정을 생각하는 등 지금까지도 그 연결고리에서 벗어나지 못하고 있는 것이다. 이대로 놔두면 아마 온종일 생각에서 생각으로 하염없이 떠다닐 것만 같았다. 하지만 이런 생각의 유희를 언제까지나 계속할 수는 없다. 현실이 가끔씩 상상을 멈추게 하기 때문이다. 이제 출근해야 할 시간이다.

## 하나의 상황과 여러 개의 생각들

시계는 9시 10분을 가리키고 있다. 이제 슬슬 출근할 준비를 해야 할 시간이다. 나는 안방으로 가서 우선 속옷을 갈아입고 내가 좋아하는 체크무늬 옷을 꺼내들었다. 이 옷은 색상도 맘에 들고 몸에 딱 맞아 내가 좋아하는 옷이다. 하지만 나는 잠시 망설이지 않을 수 없었다. 어제

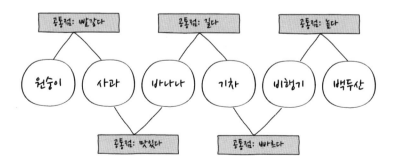

도 이 옷을 입고 출근했다가 날씨가 더워져서 한낮에 땀을 흘렸던 기억
이 떠올랐기 때문이다.

나는 옷들을 하나씩 들춰보다 감청색의 얇은 재킷을 꺼냈다. 이 옷
은 요즘 같은 더위에 입으면 딱 좋을 듯했다. 나는 왼손에는 감청색 옷
을 오른손에는 체크무늬 옷을 들고 저울질을 해보았다. 하지만 어떤 것
도 선뜻 선택하지 못하고 한참을 망설였다.

나는 왜 망설이고 있는 것일까? 나는 분명히 좋아하는 체크무늬 옷
을 입고 싶었고 만약에 이 생각만 있다면 갈등하지 않았을 것이다. 하지
만 나에게는 또 하나의 생각이 생긴 것이다. 어제 이 옷을 입고 외출했는
데 더웠으며 그래서 얇은 감청색 재킷을 입는 게 좋겠다는 생각이 든 것
이다. 하나의 상황에 두 개의 생각, 바로 이것이 내가 갈등하는 이유다.

그림을 그려놓고 보니 한 가지 상황에서 하나의 생각만 만들어지는
것이 아니라 여러 개의 생각이 동시에 만들어질 수 있다는 것을 깨달았
다. 지금 나는 감청색 옷을 입고 싶다는 생각과 체크무늬 옷을 입고 싶
은 생각을 동시에 하고 있는 것이다. 사실 하나의 상황에서 여러 개의

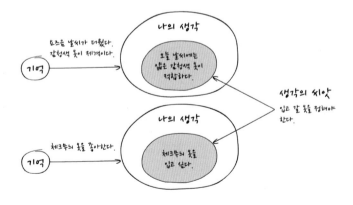

생각을 하는 것은 흔한 일이다. 음식점에서 주문을 할 때도 이것도 먹고 싶고 저것도 먹고 싶다는 여러 개의 생각이 있을 수 있으며, 옷을 고르거나 운전을 하거나 직업을 택하거나 아니면 사랑을 할 때도 역시 마찬가지였던 것 같다. 하지만 아무리 많은 생각이 나더라도 대부분의 경우 결국 이들 중에서 어느 하나만을 선택해야 했다. 물론 선택은 항상 어려웠고 나는 항상 망설였다.

문득 어제 저녁에 내가 어떤 생각을 가지고 있었는지를 알 수 있을 것 같았다. 그때 나는 한 가지 생각만 가지고 있었던 게 아니다. 솔직하지 않은 감정으로 친구를 만나는 것보다는 거절하는 게 옳다는 생각과 함께, 힘든 친구가 손을 건네면 잡아주는 게 옳은 거라는 생각도 가지고 있었던 것이다. 그리고 나는 친구에 대해서 여러 가지 생각을 했다는 것 자체에 대해서 막연한 미안함을 느끼고 있었다. 하지만 지금 생각해보니 여러 가지 생각 속에서 고민했던 건 지극히 자연스러운 현상이었다.

만약 하나의 상황에 하나의 생각만 만들어진다면 어떻게 될까? 이는 어떤 문제에 하나의 답안만 있는 것처럼 망설임이라든지 갈등이 전혀 없을 것이다.

지금도 체크무늬 옷만 눈에 뜨였다면 나는 아무런 고민 없이 이 옷을 입었을 것이다. 하지만 조금만 생각해보면 이는 결코 바람직한 현상은 아닐 것이다. 감청색 옷이 더 시원할 거라는 생각을 못했다면 나는 어제처럼 한낮의 더위에 허덕이고 있을 것이다.

이렇게 보면 하나의 상황에서 여러 가지 생각이 떠오르는 건 좀 더 나은 생각을 찾아내기 위한 방법일 것이다.

선택이 어려울 때 나는 그냥 내 마음이 끌리는 대로 하는 습성이 있다. 그냥 나의 본능에 맡기는 것이다. 나는 옷들을 쳐다보았고 감청색 옷을 집어 들었다.

# ∴3장

## 생각의 방

## 생각 조각들이 모여서 만들어지는 생각의 방

출근 준비를 마치고 아파트를 나섰다. 나는 주변을 둘러보면서 천천히 걸었다. 사람이 지은 아파트는 갈수록 낡아가지만 아파트 단지 안의 나무들은 더욱 울창해져서 보기 좋았다. 생명이 있다는 것은 많은 의미를 내포한다. 스스로 생존하려고 노력하기도 하고 아름다워질 줄도 알기 때문이다. 나는 차에 시동을 걸고 느긋한 마음으로 천천히 아파트 단지를 빠져나갔다.

나는 일반 직장인보다 늦게 출근하기 때문에 도로에 오가는 차가 적어 운전하기 편하다. 하지만 무엇보다도 나를 편하게 해주는 건 출근하는 길에 대한 익숙함일 것이다. 같은 길을 10년 넘게 운전했기 때문에 가는 길 구석구석까지를 훤하게 알고 있다. 더욱 신기한 것은 차가 가는 곳마다 그곳에 필요한 기억들이 딱 맞게 떠오른다는 것이다. 내 머릿속에 마치 내비게이션이 들어 있는 것처럼 필요한 정보가 자동적으로 제공되는 것이다. 이를테면 JB 전북은행을 끼고 왼편으로 돌 때면 보행자들이 자주 나타난다거나, 간혹 불법 우회전하는 차량이 있을

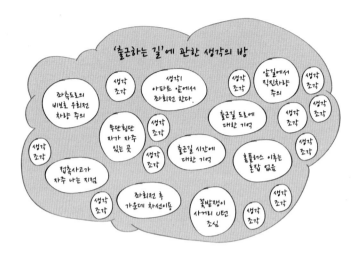

'출근하는 길'에 관한 생각의 방

수 있고, 꽃밭정이 사거리에서는 U턴하는 차량을 조심해야 한다거나 하는 등의 생각이 자동으로 떠오른다.

나는 혹시 '출근하는 길'에 관한 생각 조각들이 따로 모여 기억되는 것은 아닐까 하는 생각이 들었다. 그렇지 않고서야 어떻게 내 차가 JB 전북은행을 앞에 두고 있는데 벌써부터 보행자를 조심해야 한다는 생각이 떠오를 수 있겠는가?

나는 '출근하는 길'처럼 어떤 주제를 중심으로 생각 조각들이 모여 있다고 가정하고 그러한 공간을 '생각의 방'이라고 이름 붙여보았다. 그러니까 '출근하는 길에 관한 생각의 방'이 있고 그 안에는 출근하는 길에 관한 생각 조각들이 모여 있는 것이다. 나는 이러한 생각의 방은 어떤 모습일까 상상하면서 머릿속에서 그림으로 그려보았다.

'출근하는 길'이라는 생각의 방에는 직장까지 가는 길에 대한 기억, 예전에 그 길에서 일어났던 사고들에 관한 기억, 표지판들, 교통경찰에

대한 기억, 주유소나 약국 같은 가게들 등 다양한 생각 조각들이 담겨
있다. 그리고 내 차가 가는 곳마다 필요한 생각 조각들이 생생하게 떠
올랐다.

　나는 '출근하는 길'이 있는 것처럼 어떤 또 다른 생각의 방들이 있
을까 생각해보았다. 직장이라는 두 글자만 떠올려도 수많은 생각이 떠
오르는 것을 보면 틀림없이 '직장'이라는 생각의 방도 있을 것이다. 그
안에는 조직 속에 있는 내 위치, 내가 해야 할 일들, 그 안에 있는 사람
들, 건물과 시설 등에 관한 생각 조각들이 기억되어 있을 것이다.

　'가족'에 관한 생각의 방도 분명히 있을 것이다. 아내 생각을 하면
자동으로 미나와 지나의 생각도 떠오르기 때문이다. 이런 식으로 '대인
관계', '돈', 군대 생활' 그리고 나의 취미인 '바둑', '등산' 등 다양한 생
각의 방들이 있을 것이다.

# 생각의 방을 채우는 것들

## 잡다한 생각 조각들

생각의 방에는 어떠한 생각들이 포함되어 있을까? '출근하는 길'을 떠올려보면 정말 잡다한 생각들이 모여 있는 것 같다. 비단 운전에 관한 사항뿐만 아니라 길가에 있는 건물이며 주변에서 보았던 사람들까지도 기억이 나기 때문이다. 심지어는 차가 지나치는 골목마다 어떤 가게 아주머니가 장사를 잘하며 그들의 가족은 누구인지까지 저절로 머릿속에서 떠오른다.

나는 생각의 방에 있는 이런 잡다한 생각들이 도대체 어떤 기준으로 모여 있는지 궁금해졌다. '출근하는 길'에 있는 생각 조각들은 사실 뚜렷한 기준이나 중요성 같은 것은 찾아볼 수 없고 그냥 온갖 잡다한 정보가 무작위로 담겨 있는 것처럼 보였기 때문이다. 나는 '출근하는 길'만 이렇게 잡다한 것으로 채워져 있는지 아니면 다른 생각의 방도 마찬가지인지를 알아보고 싶어졌다.

'야구'라는 생각의 방을 떠올려보았다. 그러자 바로 한참 기세를 올리고 있는 부산 응원단의 노란색 쓰레기봉투가 떠올랐다. 선동렬과 최동원의 맞대결도 생각이 났고 경기장 조명과 외야석의 푸른 잔디도 생각이 났다. 그래! 야구는 여름에 해야 제격이지! 지금 내 머릿속에 떠오른 이런 생각들이 야구라는 운동과 얼마나 밀접한 관련이 있는지 모르겠고, 떠오른 생각들끼리도 서로 연관된 것 같지 않다. 그저 이런저런 생각들이 마구잡이로 불쑥 튀어나오는 것 같다. 이런 것을 보면 생각의 방은 정리되지 않았을뿐더러 통제 가능한 공간도 아닌 것 같다.

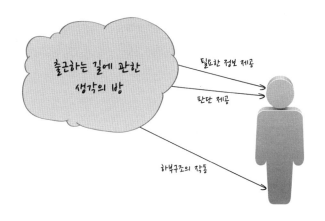

출근하는 길에 관한
생각의 방

필요한 정보 제공

판단 제공

하부구조의 작동

판단에 관여하는 생각 조각

잡다한 생각들 틈에서 문득 색다른 역할을 하는 생각 조각을 찾아
냈다. '야구는 여름에 하는 것이 좋다'는 것은 단순한 생각 조각이 아닌
판단이 포함된 생각 조각이었다. 만약에 누군가 추운 겨울에 야구를 하
자고 하면 나의 머릿속에서는 당장에 '야구는 여름에 하는 운동인데!'
라고 의문을 표시할 것이다. 생각의 방에는 판단을 내릴 수 있는 생각
도 포함되어 있었던 것이다.

판단의 역할을 가진 생각 조각이 있다는 데 대한 나의 추측은 운전
을 하면서 더욱 뚜렷해졌다. 차가 JB은행을 돌아 좌회전을 하면서 나
는 특별한 생각도 없이 중앙 차선으로 들어섰던 것이다. 이 판단은 지
금 한 것이 아니다. 좌측 차선은 좌회전하는 차량과 같이 사용하고 있
고 우측 차선에는 정차해 있는 차들이 있을 수 있으니 중앙 차선을 선
택하는 게 유리하다는 걸 나는 이미 알고 있었던 것이다. 그래서 나의
생각의 방에는 이미 이 지점에서는 중앙 차선으로 가야 한다는 판단이

있었던 것이다. 이런 식으로 어떤 길로 가고 앞차와의 거리는 어느 정도 유지하며 시내에서 속도는 어느 정도여야 하는지와 같은 수많은 판단에 관한 생각 조각들을 기억하고 있었던 것이다.

손발은 생각과 연동이 되어 있나?

나는 방금 전 중앙 차선으로 차를 몰면서 경이로운 사실을 하나 더 발견했다. 나의 머릿속에서 중앙 차선으로 가는 것이 유리하다는 생각을 함과 동시에 나의 손발은 이러한 지시에 충실히 따랐던 것이다. 이런 식으로라면 생각의 방에서 왼쪽으로 가는 것이 좋겠다고 판단했을 때 나의 손은 자동으로 차를 왼쪽으로 몰았을 것이고, 중앙 차선이 좋겠다고 한다면 중앙 차선으로 차를 몰았을 것이다. 이제 내가 출근하는 길에 운전이 유독 수월한 이유를 알 것 같았다. '출근하는 길'이라는 생각의 방이 작동되기만 하면 필요한 정보가 떠오를 뿐만 아니라 판단에 관한 선택도 이미 정해져 있었고 손발마저 이를 수행하는 하부구조가 되어 충실히 이행을 했던 것이다. 이런 것을 보면 생각의 방의 역할은 참으로 대단하다고밖에 볼 수 없을 것 같다. 판단을 포함한 내비게이션의 역할은 물론이고 나의 육체까지도 제어함으로써 자동차를 마치 자동항법장치를 장착한 것처럼 운행하고 있기 때문이다.

## 생각의 방의 중심축

차는 이제 아파트 앞의 작은 도로를 빠져나와 큰길로 접어들었고 다른 차들 속에 끼어서 점차 속도를 내기 시작했다. 순간 택시 한 대가 갑작스럽게 내 앞으로 끼어들었다. 예전 같았으면 내 입에서는 벌써 욕이 쏟아져 나왔을 것이고 운전은 거칠어졌을 것이다. 하지만 나는 화도 내지 않았고 택시가 끼어들기 좋게 브레이크를 밟아 간격까지 넓혀주었다. 예전과는 달리 내가 이렇게 참을 수 있게 된 것은 택시에 대한 나의 태도가 달라졌기 때문이다.

나는 원래 택시기사들을 싫어했다. 아무 장소건 갑자기 차를 세우는가 하면 수시로 무차별하게 끼어들기를 하니 좋아할 수가 없었다. 그래서 예전에 나는 택시들이 끼어들려고 하면 절대 양보하지 않았다. 그러던 내가 이렇게 변한 건 한 학생의 이야기를 듣고 나서부터이다. 평소에 말이 없던 학생이 어느 날 찾아와서는 가사휴학을 신청했다. 택시 운전을 하는 아버지가 접촉사고를 내는 바람에 등록금 낼 형편이 아니라는 것이다.

"그래도 아빠가 그동안 저축한 것이 있지 않니?"

나는 위로를 겸해서 물어보았다. 그러자 학생은 겸연쩍게 웃으면서 말했다.

"아니요! 사정은 항상 어려웠어요."

그 학생은 여러 말을 늘어놓지는 않았지만 어떤 상황인지를 미루어 짐작할 수 있었다. 그때 나는 보통 사람들이 그냥 '재수 없었다' 정도로 생각해버릴 수 있는 작은 접촉사고 하나가 택시기사들의 가정을 어렵게 만들 수도 있으며, 한 학생이 휴학할 수밖에 없는 지경으로 내몰 수 있다는 것도 알게 되었다. 그리고 택시기사들이 조금이라도 더 빨리 가기 위해서 교통신호를 무시하고 끼어들기를 해야만 하는 이유도 알 것

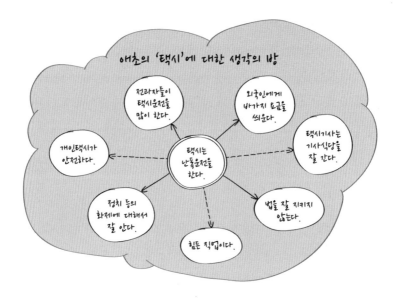

애초의 '택시'에 대한 생각의 방

전라자들이
택시운전을
많이 한다.

외국인에게
바가지 요금을
씌운다.

택시기사는
기사식당을
잘 간다.

개인택시가
안전하다.

택시는
난폭운전을
한다.

정치 등의
화제에 대해서
잘 안다.

법을 잘 지키지
않는다.

힘든 직업이다.

같았다. 그 이후부터는 더 이상 택시기사들을 미워할 수 없게 되었다.

생각해보면 택시기사를 보는 나의 생각이 변한 것은 나로서도 의외였다. 예전이나 지금이나 택시에 대한 나의 기억은 거의 변하지 않았기 때문이다. 나의 생각에 어떤 변화가 있었던 것일까? 우선 그림으로 예전의 택시에 대한 나의 생각을 그려보았다.

생각의 방 중심 생각 조각은 바뀔 수 있다

나는 문득 생각의 방에 중심이 고정되어 있지 않을 거라는 추측을 했다. 예전에 직장 동료와 크게 다툰 적이 있는데 그때는 직장의 모든 것이 싫었다. 유추해본다면 그때 '직장'이라는 생각의 방에는 '사람 관계가 가장 힘들다'는 생각 조각이 중심에 있었을 것이다. 그리고 그런

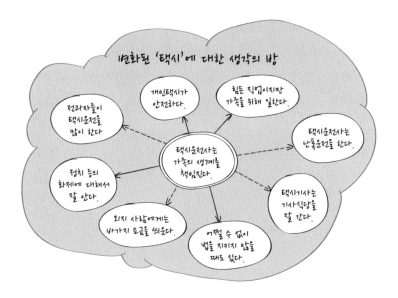

시각에서 생각 조각들을 바라보았을 것이고 그래서 힘이 들었을 것이다. 중심 되는 생각 조각이 바뀔 수 있다는 생각은 택시에 대한 내 관점이 달라진 원인을 설명할 수 있을지도 모른다는 생각이 들었다. 내 태도가 바뀐 이후의 택시에 대한 생각의 방을 상상해보았다.

그림으로 상상해보니 역시 중심이 변했다는 것을 발견할 수 있었다. 전에는 난폭운전이 중심이었는데 이제는 택시기사도 가정의 생계를 책임지는 사람이라는 것으로 바뀐 것이다. 이렇게 중심축이 이동했다고 해서 그 안에 있는 생각 조각들이 변한 것은 물론 아니다. 나는 여전히 택시기사는 난폭운전을 하고 법을 잘 지키지 않고 합승을 강요하고 외지인에게 바가지를 씌운다고 생각한다. 하지만 그 중심축이 움직이면서 이제는 택시기사에 대한 부정적인 생각들은 축소되었고 긍정적인 생각들이 크게 부각된 것이다.

문득 생각의 방의 중심이 변한 다른 경우가 생각났다. 아내와 나는 시골에 조그만 텃밭을 가꾸고 있다. 어느 날 산에서 고라니가 내려왔는지 가꾸어놓은 야채를 죄다 뜯어 먹고 짓밟아 엉망으로 만들어버렸다. 이 광경을 처음 본 순간 화가 나서 참을 수 없었다. '얼마나 애써서 가꾸어놓았는데!' 나는 괘씸한 고라니를 응징하기 위해서 덫을 놓을지, 농약을 야채에 뿌려놓을지, 아니면 전기 방책을 칠 것인지 등 갖가지 방비책을 생각했다. 그때 나의 '텃밭'이라는 생각의 방에는 '고라니는 나의 야채를 짓밟았다'라는 생각 조각이 중심에 있었을 것이다.

하지만 화는 그리 오래가지 않았다. 고개를 들어 먼 산을 바라보게 되었는데 내가 왜 텃밭을 하고 있는지가 생각났다. 아내와 나는 돈을 아끼려고 도시에서 여기까지 차를 타고 와서 상추며 감자 토마토를 키우는 게 아니었다. 우리가 땀을 흘리며 있는 이 순간만큼은 자연 속에 있으며 그것을 즐기려고 왔던 것이다. 그리고 우리의 텃밭을 엉망으로 만든 저 고라니도 자연이었고 이렇게 된 것도 자연 현상의 일부였을 뿐이라는 생각이 들었다. 이는 마치 홍수가 나거나 가뭄이 들거나 병해충이 번지거나 아니면 두더지가 땅콩을 파먹는 행위와 다를 바가 없었다. 텃밭에 대한 생각의 중심은 이제 '자연 속에서의 농사를 즐기는 쪽'으로 바뀐 것이다. 이렇게 생각의 중심이 바뀌자 더 이상 고라니에 대한 분노는 남아 있지 않았다. 나는 그 이후 고라니가 다시 와 엉망을 만들어도 화를 내지 않게 되었다. 물론 짓밟힌 야채가 아깝기도 하고 속상한 것까지는 어쩔 수 없었다.

문득 어젯밤 진영이의 일이 떠올랐다. 밤새 나의 생각이 변한 이유는 중심축이 변한 것 때문은 아니었을까? 나는 먼저 어젯밤에 진영이에 대한 생각의 방은 어떠했을까 생각해보았다.

친구 관계에서 나의 편안함이 우선시되었던 것이다. 그래서 다른 모든 생각 조각들도 나의 편안함의 시각에서 바라보였던 것이다. 오늘 아침에 진영이에 대한 나의 생각을 떠올려보았다.

어젯밤이나 오늘 아침에 약속에 대한 생각의 방에서 생각 조각이 달라진 것은 거의 없었던 것 같다. 다만 어젯밤에는 나의 편안함에 대한 생각 조각이 생각의 방 중심에 있었다면 오늘 아침에는 친구에 대한 배려가 그 자리를 차지하고 있었을 뿐이다. 그리고 그 차이는 내 선택에 결정적인 영향을 미쳤던 것으로 보인다.


## 생각의 방은 어떻게 만들어지나?

차가 큰길 사거리에 있는 신호등에 걸려 멈추었다. 나는 차가 서 있는 잠시 동안을 참지 못하고 주변을 두리번거렸다. 그리고는 예전에 보지 못했던 새로운 것을 발견했다.

'어! 저게 뭐지?'

사거리 왼편에 있는 빌딩 3층에 '여성헬스장'이라는 낯선 간판이 있었다.

'여성헬스장.'

그 간판을 보자 여러 궁금증이 쏟아져 나왔다. 왜 여자만의 헬스장이 필요할까? 저 헬스장에는 여자 직원들만 있을까? 사업성은 있을까?

내가 이러한 질문들을 떠올리는 것은 여성헬스장을 지극히 남자의 시각에서 보기 때문일 것이다. 사실 대부분의 남자들은 몸매 좋은 여자 회원이 많이 있는 헬스장을 좋아할 뿐만 아니라 그것이 헬스장을 찾는 이유이기도 하다. 만약에 '남성헬스장'이 생긴다면 아마도 그곳은 얼마 버티지 못하고 문을 닫아야 할 것이다. 하지만 여성헬스장이 버젓이 있는 것을 보면 이것은 어디까지나 남자의 입장이고 여자들의 입장은 다른 것 같다. 여자들은 자기들끼리 있는 것을 더 안전하고 편하다고 생각할지도 모른다. 그래서 여자대학, 여자 전용 독서실, 여자 전용 마사지숍에 이어 여성헬스장도 생겼나보다. 나는 새로운 이야깃거리를 하나 건졌다는 것으로 만족했다. 신호가 바뀌어 차는 다시 움직이기 시작했고 여성헬스장은 나의 시야에서 사라져버렸다.

나는 오늘 '여성헬스장'을 처음으로 보았다. 나의 머릿속에 여성헬스장이라는 생각 조각이 처음으로 만들어진 것이다. 그리고 나의 관심이 지속되는 한 여성헬스장에 관련된 생각 조각들이 하나씩 덧붙여질 것이다. 점심에는 친구들을 만나서 여성헬스장 이야기를 주고받으면서 더 많은 생각을 하게 될 것이고, 퇴근길에는 불 켜진 창문 앞에서 러

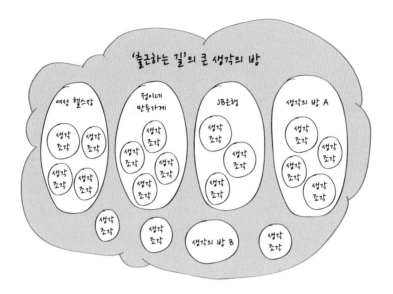

'출근하는 길'의 큰 생각의 방

여성 헬스장

정이네 만두가게

JB은행

생각의 방 A

생각 조각

생각의 방 B

닝머신을 뛰고 있는 여자들을 보면서 역시 그에 대한 생각을 할 것이다. 이런 식으로 생각 조각들이 하나씩 쌓여가면 결국 생각의 방이 만들어지지 않을까 하는 생각이 들었다.

　나는 어떻게 여성헬스장이라는 생각의 방이 만들어질 수 있을지를 이해하게 되었다. 이처럼 무엇이든지 생각만 쌓여간다면 생각의 방은 만들어질 것이다. 수학을 배우면 수학에 관한 생각의 방이 만들어질 것이고, 게임을 하면 게임에 관한 생각의 방이 만들어질 것이다. 다만 그 생각의 방이 얼마나 커지고 어떠한 형태를 갖추는지는 그것에 대해 어떠한 생각을 얼마나 많이 하느냐에 달려 있을 것이다.

## 생각 조각, 생각의 방, 그리고 나의 생각

생각해보면 '출근하는 길'이라는 생각의 방에는 수많은 작은 생각의 방들이 포함되어 있는 것 같다. 출근하는 길에 있는 '여성헬스장'이나 동네 길 옆의 '옷가게', 'JB은행', '정이네 만두가게' 등은 모두 '출근하는 길'이라는 큰 생각의 방 안에 존재하고 있기 때문이다.

'출근하는 길'이라는 생각의 방이 그보다 작은 생각의 방들을 포함하고 있는 것처럼, 그 안에 있는 작은 생각의 방들도 그보다 더 작은 생각의 방들을 포함하고 있을 것이다. 이런 식으로 생각의 방들을 쪼개다 보면 결국은 생각 조각으로 귀결될 것이다.

나는 이제 반대로 '출근하는 길'을 기준으로 하여 그보다 더 큰 생각의 방을 생각해보았다. '출근하는 길'은 '쇼핑 가는 길', '처음 가는 길' 등과 함께 '운전'이라는 더 커다란 생각의 방의 부분이 될 수 있을 것 같았다. 그리고 이 '운전'이라는 생각의 방은 더 큰 생각의 방의 일부가 될 것이고, 결국 이런 식으로 지속적으로 그것을 포함하고 있는 것을 찾아가면 그 끝은 '나의 생각'으로 귀결될 것이다.

그림으로 그려놓고 보니 내 생각의 방은 컴퓨터의 폴더를 연상케 했다. 컴퓨터를 전체로 본다면 컴퓨터 안에 큰 폴더와 파일들이 있으며 그 안에 다시 작은 폴더와 파일들이 있는 식으로 연결되어 있다. 그리고 지속적으로 파고들면 결국은 파일들만이 저장되어 있다. 생각도 컴퓨터와 마찬가지 구조를 가지고 있는 것처럼 보였다. 내 생각 안에 큰 생각의 방과 생각 조각들이 있고, 그 안에 다시 작은 생각의 방과 생각 조각들이 있으며 이런 식으로 작아지다가 마침내 생각 조각들만이 기

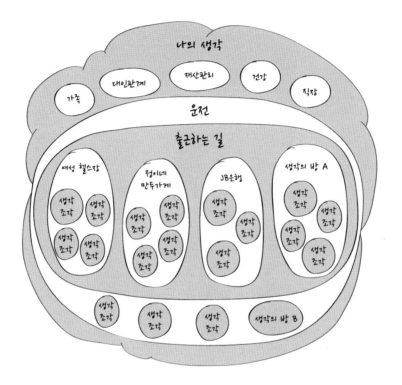

억되고 있는 것이다. '생각'이 한눈에 보이는 것 같다. 생각의 방들의
관계를 통해 나의 생각이 어떻게 구성되어 있는지를 이해할 수 있게 되
었기 때문이다. 머릿속에서는 수많은 질문들이 한꺼번에 쏟아졌다. 내
게 어떠한 생각의 방들이 있으며, 주요한 생각의 방들은 어떤 것들이
고, 그 방의 중심에 있는 생각 조각은 무엇일까? 나는 이러한 질문들의
답을 지금은 알지 못한다. 하지만 이를 알려고 서둘지는 않을 것이다.
어차피 생각이란 평생을 통해 조금씩 들춰가는 것이기 때문이다.

∴4장

# 자가논리 vs 일반논리

## 나만을 위한 자가논리

교정에는 학생들이 이리저리 활기차게 움직이고 있었다. 차는 이제 목적지인 연구동 주차장으로 들어섰다. 나는 주차장 오른쪽에서 세 번째 칸 앞줄에 차를 세웠다. 이 자리는 내가 특별히 선호하는 공간이다. 앞쪽으로 차를 쉽게 뺄 수 있을 뿐만 아니라 내가 근무하는 건물과도 가장 가깝기 때문이다. 이 넓은 주차장에서 가장 효율적인 주차 공간이 어디인지를 찾아내기 위해서 나는 약간의 수고를 들여야만 했다. 그리고 여러모로 따져본 끝에 이 자리가 내게는 가장 유리한 자리라는 걸 확신하게 되었다. 이렇게 알아낸 자리에 주차할 때마다 나는 가장 좋은 자리에 주차했다는 만족스러움을 느낀다. 사실 어디에 주차하느냐는 굉장히 사소한 일이다. 하지만 나는 이렇듯 작은 일에 쉽게 영향을 받는 사람이다.

나는 가방을 챙겨 들고 기분 좋게 연구동 건물로 걸어갔다. 이미 2교시가 시작되어서인지 연구동에는 제법 많은 학생들이 있었다. 나는 그들을 지나쳐 연구실로 통하는 계단을 걸어 올라갔다. 얼마 전부터 운동의 필요성을 느꼈고 그 이후부터는 연구실이 있는 7층까지 꼭 걸어 다니고 있다. 문득 뭔가가 서로 어울리지 않는다는 생각이 들었다. 그렇다! 주차장에서는 단 한 걸음이라도 적게 걷기 위해서 가까운 자리에 주차를 하고선 건물에 들어서면 조금이라도 더 운동을 하기 위해서 계단을 오르고 있었던 것이다. 나는 운동을 하려고 하는 것인가 아니면 효율적으로 움직이려고 하는 것인가. 나의 이 두 생각 사이에는 일관성은 없었고, 오히려 두 생각은 서로 상반되는 걸 추구하고 있었다.

계단으로 천천히 올라가면서 상반된 두 생각으로 인한 모순에 대해 생각해보았다. 만약 일관성을 가지려면 어느 하나의 가치만을 추구해야 할 것이다. 멀리 떨어진 곳에 주차하면서 계단을 걷는다면 건강을 위해 운동한다는 일관성을 갖게 될 것이고, 가까운 곳에 주차하면서 엘리베이터도 이용한다면 효율적이라는 일관성을 갖게 될 것이다. 하지만 이 둘 중 그 어느 쪽도 포기하고 싶지 않았다. 이 생각들은 내 머릿속에 같이 있으면서도 마치 서로 전혀 별개의 기관처럼 작동하는 것 같았다. 이런 식의 문제는 쉽사리 답을 구할 수 없다는 걸 나는 직감적으로 알고 있다. 쉽사리 해결할 수도 없으면서 급하지 않다면 미루는 것도 하나의 방법일 것이다. 이 문제를 잠시 잊기로 했다.

7층까지 걸어 올라가니 숨이 찼다. 연구실 문을 열고 방으로 들어섰다. 그리고는 창문을 활짝 열어젖히고 숨을 깊게 들이마시면서 아침의 맑은 공기를 느껴보았다. 잠시 후 숨은 이내 차분해졌지만 정리되지 않은 복잡함 때문인지 마음은 영 편치가 않았다. 머리가 복잡할 때는 몸을 바쁘게 움직이는 것도 하나의 해결책이 된다. 나는 생각은 잠시 미루고 컴퓨터를 켜고 화분에 일일이 물을 주고는 밖을 내려다보았다.

창밖에서는 학생들의 움직이는 모습이 분주했다. 그리고 저 멀리에서 초록 스카프를 맨 여학생이 자전거를 타고 고갯길을 내려오는 모습이 보였다. 아마 저 학생은 자전거 속도를 늦추기 위해서 브레이크를 꼭 잡고 있을 것이다. 그래! 브레이크의 원래 기능은 자전거를 멈추라고 있는 것이지. 하지만 나는 오래전부터 브레이크는 자전거를 빨리 가게 하는 것이라고 생각하고 있다.

## 브레이크 이론

내가 이런 생각을 하게 된 건 어릴 적에 겪었던 경험 때문이다. 초등학교 때 브레이크가 고장 난 자전거를 타고 친구 집에 놀러 간 적이 있다. 위험한 길도 아니고 멀지도 않았기 때문에 나는 별 걱정 하지 않고 그냥 타고 갔었다. 그때 나는 처음으로 브레이크가 고장 난 자전거를 어떻게 타야 하는지를 알았다. 우선 장애물이 나타나도 멈출 수 없으니 아주 천천히 페달을 밟아야 한다. 장애물이 나타나면 얼른 뛰어내려서 발로 자전거를 멈추어야 한다. 나는 이런 식으로는 절대 자전거를 빨리 탈 수 없다는 것을 알게 되었다. 아이러니하게도 브레이크는 자전거를 멈출 수 있게 함으로써 자전거를 빨리 가게 할 수 있었던 것이다.

브레이크가 고장 난 자전거를 탔던 경험은 나에게 '멈추게 하는 것 때문에 빨리 갈 수 있다'는 깨달음을 주었다. 그 생각을 오래 기억하고 싶어서 나는 '브레이크 이론'이라는 이름을 붙여보았다.

브레이크 이론은 내가 가지고 있는 생각의 방 중 하나에 불과하지만 그 영향력은 대단했다. 우선 갖가지 생각의 방에 끼어들어 상황 판

단을 하는 데 지대한 영향을 미쳤다. 예를 들어 직장에서 동료가 나의 의견에 반대할 때 내 머릿속에서는 자연스럽게 브레이크 이론이 떠오른다. 그러면 그가 나를 반대하는 이유는 뭔가 내가 깨닫지 못한 게 있을 거라는 생각을 하게 해주었다. 직장이라는 생각의 방에 브레이크 이론이 작은 생각의 방으로 끼어 있으면서 판단에 결정적으로 영향을 미친 것이다.

브레이크 이론은 일을 하다가 난관에 부딪혔을 때나 상대가 나의 의견에 반대할 때 등 어려움을 겪을 때에는 항상 내 머릿속에 떠오른다. 이런 상황에서 성현의 말씀이나 전문가의 이론에서 답을 얻기보다는 내가 스스로 만든 이러한 이론에 의존하는 것이다. 생각해보면 내가 브레이크 이론을 중시하는 것은 당연한 것 같기도 하다. 공자나 소크라테스의 말씀이 모든 사람을 대상으로 했지만 브레이크 이론은 순전히 나에게 맞추어진 맞춤형 이론이기 때문이다.

내가 브레이크 이론을 중시하고는 있지만 따지고 보면 이 이론은 허점투성이다. 우선 일반적으로 '이론'이라는 것이 만들어질 때 적용되어야 할 소위 연구 방법이라는 학문적 절차를 전혀 밟지 않았기 때문이다. 브레이크 이론은 내가 그냥 그렇게 생각하는 것뿐이다. 객관성도 전혀 없으며 가족이나 친구 등 가까운 주변 사람들의 동의조차 받은 적이 없다. 내 마음대로 만들었기 때문에 주관적이며 나만 사용하고 있기 때문에 나 홀로 이론인 셈이다. 그렇다고 하더라도 나의 생각에 미치는 영향은 지대하기 때문에 나에게는 소중한 생각임이 분명하다. 나는 이런 식의 논리를 담고 있는 생각의 방을 무엇이라고 할까 궁리해보았다. 그리고는 나 혼자만 만들었고 사용한다는 뜻으로 '자가논리(自家論理)'라고 이름을 붙여보았다.


## 자가논리의 생성

생각해보면 브레이크 이론이 처음부터 자가논리는 아니었다. 처음에는 그저 고장 난 자전거를 타고 친구 집에 가다가 느꼈던 깨달음에 불과했다. 하지만 그런 현상이 또 다른 다양한 상황에서도 활용될 수 있을 거라는 막연한 기대감을 가지고 있었던 것 같다. 실제로 그 이후에 이를 적용할 수 있는 기회가 많이 있었으며 그럴수록 브레이크 이론이 옳다는 확신을 가지게 되었다. 브레이크 이론은 내가 겪은 다양한 상황에서 공통적으로 활용되면서 결국 나의 자가논리로 받아들여진 것이다. 이렇게 본다면 자가논리란 경험을 통해 얻어진 다수의 생각 조각들의 공통점으로 만들어진 기라고 할 수 있다.

나는 다양한 생각 조각들과 자가논리의 관계를 그림으로 표현해보

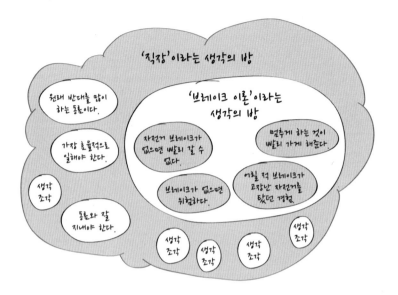

'직장'이라는 생각의 방

'브레이크 이론'이라는
생각의 방

원래 반대를 많이
하는 놈이다.

가장 효율적으로
일해야 한다.

생각
조각

동료와 잘
지내야 한다.

자전거 브레이크가
없으면 빨리 갈 수
없다.

브레이크가 없으면
위험하다.

멈추게 하는 것이
빨리 가게 해준다.

어릴 적 브레이크가
고장난 자전거를
탔던 경험.

생각
조각

생각
조각

생각
조각

생각
조각

고 싶어졌다. 종이 한 장을 꺼내서 책상 위에 놓고 여러 개의 도형을 생
각 조각이라고 생각하고 그려보았다. 그리고 이들 중에서 공통적으로
들어 있다고 생각한 형태를 그림처럼 그려보았다.

나는 이제 브레이크 이론을 응용할 줄도 알게 되었다. 어려운 상황
에서 돌파구를 찾지 못할 때 나의 생각과 반대되는 생각을 스스로 떠올
려보는 것이다. 반대의 시각으로 나의 문제를 바라봄으로써 스스로에
게 브레이크가 되어보는 것이다.

## 다양한 자가논리들

나는 의자를 젖혀 천장을 쳐다보면서 내가 만든 또 다른 자가논리는 무엇이 있을까 생각해보았다. 가장 먼저 '0.1밀리미터의 지혜'라는 게 떠올랐다. 이 논리는 청소를 최소로 하면서 그리 더럽지 않게 사는 방법으로, 자취할 때 만들었다.

나는 어떻게 하면 지저분하게 살지 않으면서도 청소를 최소로 할 수 있을까를 항상 궁리했었다. 관찰해보았더니 방 안 공기 중의 먼지가 쌓이면 0.1밀리미터가 된다고 가정할 경우 0.1밀리미터까지의 먼지가 쌓이는 데에는 비교적 짧은 시간이 걸렸다. 하지만 0.1밀리미터보다도 더 많은 먼지가 쌓이려면 훨씬 더 긴 시간을 필요로 한다는 것을 알아냈다. 방 안에 이미 존재하는 먼지는 내려앉았으며 외부로부터 새로운 먼지가 유입되지 않는 한 더 이상 가라앉을 먼지는 없기 때문이다. 내가 만약 0.1밀리미터의 먼지만 감내할 수 있다면 수시로 청소를 해야 하는 번거로움에서 해방될 수 있다. 사실 그 정도의 먼지는 일반 사람들도 그리 더럽다고 느끼지 못할 정도이니 게으르게 살 수 있는 방법을 마련했던 셈이다.

내가 좋아하는 '사탕이론'이라는 자가논리도 있다. 이것은 중학교 때 만들었으니 여태껏 수십 년을 사용하고 있는 셈이다. 내가 중학교 다니던 시절에는 학교에서 저축을 장려했다. 은행에 가지 않고도 학교에서 통장을 만들어주었고 매주 수요일이면 저금도 할 수 있었다. 그러던 어느 수요일 나는 천 원짜리 한 장을 들고 망설였다. 빵을 사 먹고 싶기도 했고 저금도 해야 했기 때문이다. 나는 한참을 고심한 끝에 빵을 사 먹어야겠다는 선택을 했다.

내가 그렇게 선택했던 건 어릴 적에 먹지 못했던 사탕 생각이 났기 때문이다. 어렸을 적에 나는 사탕을 정말 좋아했지만 부모님은 이가 상한다고 절대 사주지 않으셨다. 이제 중학생이 되어서 내 마음대로 사탕을 먹을 수는 있게 되었지만 어릴 적 느꼈던 그 천상의 맛은 전혀 느낄 수 없었다. 그래서 나는 사람의 입맛이란 그 나이에 맛보아야 하는 게 따로 있다는 걸 알게 되었다. 어릴 적에는 사탕이 맛있었지만 그때가 지나가버리면 다시 그 맛을 느낄 수 없는 것처럼 지금은 빵이 먹고 싶지만 더 나이가 들면 그렇지 않을 거라는 생각을 했던 것이다. 그래서 지금 빵을 사 먹지 않고 그 돈으로 저축을 한다면 지금 이 순간에만 느낄 수 있는 빵 맛은 영원히 놓칠 수도 있다는 생각이 들었다.

그 이후에 나는 먹고 싶을 때 바로 먹는 게 가장 맛있는 걸 먹으면서 사는 방법이라고 믿게 되었다. 그리고 이렇게 만들어진 자가논리가 바로 '사탕이론'이다.

문득 아침에 있었던 일이 생각났다. 주차장에 주차하는 자리를 정한 것도 자가논리였고, 운동을 하기 위해서 계단으로 걸어 올라와야 한다는 것도 자가논리였다. 이렇게 보니 오늘 아침에 내가 그 어느 것도 쉽게 버리지 못한 데는 이유가 있었다. 두 생각이 서로 모순이 되었지만 그것들은 모두 소중한 자가논리를 바탕으로 만들어진 생각이기 때문이다. 나는 마치 양손에 절대 양보할 수 없는 소중한 물건을 들고 있는 느낌이 들었다. 이 모순을 해결하기 위해서는 둘 중에 어느 하나를 포기해야만 할지도 모른다는 생각이 들었다.

자가논리가 만들어질 때에도 많은 경험과 시간을 필요로 했듯이 이를 포기할 때에도 긴 시간과 많은 시행착오가 필요할 것이다.


## 자가논리의 특성

### 자가논리는 도그마이다

나는 의자에 앉아서 자가논리가 어떠한 특성을 가지고 있는지를 생각해보았다. 사탕이론이나 브레이크 이론 그리고 0.1밀리미터 이론 등의 자가논리들은 객관적이지도 않고 과학적 사실에 근거를 둔 것도 아니다. 그저 나의 생각만으로 쉽게 만들어졌기 때문에 주관적이면서 논리적 엄밀성과는 거리가 멀다. 나는 그냥 그것이 옳다고 생각했고 그렇게 믿을 뿐이다. 즉, 자가논리는 철저히 나의 믿음에 근거를 두고 있고 그래서 도그마이다.

브레이크 이론만 해도 그렇다. 멈추게 하는 것이 더욱 빨리 가게 해준다는 자가논리는 결코 일반적일 수 없다. 사탕이론의 경우도 예외는 아니다. 그대로 다른 상황에 적용하기에는 너무 근시안적이다. 사탕이론대로라면 나는 언제나 감정에 충실해야 하고 미래를 위해서 현재를 참아서는 안 된다. 이런 식으로 매사를 결정한다면 나는 미래를 위해서 어떠한 투자도 할 수 없을 것이고 따라서 장기적인 목표나 원대한 계획은 결코 실현될 수 없을 것이다. 돌이켜보면 중학교 때 나는 형평성 있는 판단을 하지 못했던 것 같다. 그때는 한 손에 빵이 있었고 다른 손은 그냥 참기만 해야 하는 빈손인 줄 알았지만, 사실 다른 손은 저축으로 미래의 부자가 될 수도 있었던 손이기 때문이다.

나의 자가논리들을 하나씩 따져보면 논리적인 부족함을 가지고 있다는 것을 사실 나도 잘 알고 있다. 그렇다 하더라도 지금에 와서 애써 만든 자가논리들을 포기하고 싶지는 않다. 이것들은 이미 나의 생각을 형성하고 있는 중요한 요소가 되어버렸기 때문이다. 브레이크 이론은 나의 의견에 반대하는 사람을 만날 때면 자연스럽게 떠올랐고, 그 덕분에 나와는 다른 시각에서 문제를 바라보고 새로운 생각을 할 수도 있었다. 또한 사탕이론을 믿었기 때문에 이제껏 하고 싶은 것을 하면서 살 수 있었다.

## 자가논리는 쉽게 왜곡될 수 있다

나는 여전히 의자에 앉아 시계를 힐끗 쳐다보았다. 시계는 9시 50분을 가리키고 있었고 내게는 아직 생각을 즐길 수 있는 시간이 충분히 남아 있었다. 나는 다시 자가논리의 생각 속에 빠져들었다.

1970년대 일본에 전설적인 자전거 도둑이 있었는데 그는 평생을 자전거만 도둑질하면서 살았다. 그는 결국 10,000대 훔치는 것을 달성하여 뉴스에까지 나오게 되었다. 기자들이 체포된 그에게 소감을 묻자 자기의 성취는 오로지 성실 때문이었다고 말했다. 자전거를 훔치기 위해서 날마다 돌아다녀야 했고 비가 오나 눈이 오나 밖에 서 있어야 했다는 것이다. 만약에 자신이 성실하지 않았으면 이런 대기록을 세울 수 없었을 거라고 그는 말했다. 그의 말을 들어보면 그는 '성실해야만 자전거를 많이 훔칠 수 있다'는 자가논리를 가지고 있었던 것 같다. 일반적으로 성실이란 정성스럽고 참되다는 뜻이므로 자전거 도둑을 성실하다고 볼 수는 없을 것이다. 그의 생각이 일반 사람과 차이를 보이게 된 것은 그가 도둑질도 열심히 하면 성실한 거라고 믿었기 때문이다. 이처럼 자가논리의 가장 큰 단점은 그것이 주관적이기 때문에 상식과는 전혀 다른 해석도 가능하다는 점이다.

나는 왜 자전거 도둑이 그런 왜곡을 할 수 있었는지 생각해보았다. 그리고는 앞에서 보았던 도형을 다시 떠올려보았다. 같은 생각 조각을 가지고 있다고 해서 같은 자가논리를 만들어낸다고 볼 수는 없을 것이다. 자가논리는 어차피 도그마이기 때문에 각자 자신의 시각으로 사물을 쳐다볼 것이고, 따라서 사람마다 각각 다른 공통점을 찾아낼 수 있게 되기 때문이다.

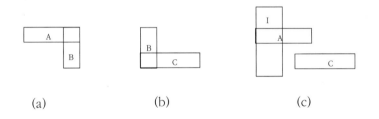

    (a)                 (b)               (c)

도형 a와 b는 공통된 모습에서 한 군데씩 부족한 상태로 만들어졌으며, 도형 c는 공통점이 아닌 I가 잘못 추가된 모습이다. 이처럼 자가논리는 자기 관점에서 바라본 공통점이기 때문에 얼마든지 자기의 편의를 위해 상식과는 다른 해석을 할 수도 있고 왜곡된 자가논리도 만들어지는 것 같다.

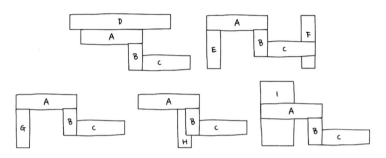

다양한 경험을 통하여 얻어진 생각조각들

생각조각들의 공통점에서 만들어진 자가논리

　나는 뇌물을 받아 챙기는 부패한 공무원들의 생각을 추측해보았다. 만약에 그들이 뇌물을 받으면서 동시에 법의 정신을 생각했다면 그들의 하루하루는 참으로 괴로웠을 것이다. 그래서 이들은 지켜야 할 법을 대신해 자신이 만든 왜곡된 자가논리로 생각하려 한다. 이를테면 '누가 그 자리에 있었더라도 분명히 돈은 받을 거'라는 자가논리를 만들고 이를 굳게 믿을 수 있다. 정말 세상 사람들이 모두 그렇게 생각하고 행동하다면 그의 행위도 어느 정도는 정당화시킬 수 있을지도 모른다. 좀 더 대범해진 공무원들은 한 걸음 더 나아가서 좀 더 뻔뻔한 자가논리를 가지게 된다. '내가 뇌물을 받았으니 이 정도지 다른 사람이면 정말 심했을 거야!'라든가 '뇌물을 준 사람은 세금을 덜 내게 됐으니 결국 내가 그에게 이익을 주었다'라고 생각할 수도 있다. 이런 식의 자가논리를 가지면 그는 오히려 자신을 융통성 있고 능력 있는 사람이라고 믿게 될 수도 있다.

세상에서 가장 심하게 왜곡될 수 있는 자가논리는 아마도 사랑에 관한 것일 것이다. 사랑은 그 자체가 과학이나 객관적인 사실과는 거리가 멀다. 사랑하는 사람 사이에는 다른 사람이 이해할 수 없는 그들만의 은밀함이 있으며 그들만의 사랑법이 존재한다. 그리고 그것은 절대로 상식적이지도 않고 일반화되거나 객관화될 수 없다. 사랑 그 자체가 각자의 자가논리에 의해서 이루어지기 때문이다. 사랑하기 때문에 어떤 사람들은 때리거나 물어뜯기도 하고, 자신을 희생하거나 혹은 상대방을 죽이기도 한다. 더욱 놀라운 것은 그 어떤 괴이한 사랑의 자가논리도 받아들이는 상대가 있다면 그들 사이에서는 통용이 된다는 것이다. 따라서 사랑에 빠진 사람의 왜곡 현상은 어쩔 수 없으며 일반적인 상식으로 논할 수도 없다.

자가논리가 특히 중요하다고 보는 이유는 그것이 판단에 영향을 미치기 때문이다. 브레이크 이론은 무엇인가 나에게 제동을 걸 때 그 방해물에 대해 긍정적인 판단을 할 수 있게 해주었다. 0.1밀리미터 이론은 우리 집 청소 시점을 결정하는 데 중요한 역할을 했다. 사탕이론은 그 시점의 감정을 더 중시하는 판단을 내리게 했다. 주차이론은 내가 주차할 공간을 정해주었고, 운동이론은 엘리베이터가 아닌 계단을 걷게 했다. 생각에서 중요한 것이 판단이고 선택이라면 자가논리가 바로 이런 상황에서 결정적인 역할을 했던 것이다.

## 시간이 갈수록 더욱 견고해지는 자가논리

　나의 자가논리들은 경험에서 얻어진 깨달음으로부터 만들어졌다. 그 이후 이를 실생활에 적용하면서 점점 더 확신을 갖게 되었고 시간이 흐르면서 그 확신은 더욱 견고해졌다. 이런 식으로 생각한 세월이 길어질수록 나의 생각이 점점 더 단단해진 것이다. 어떤 것이건 단단해지면 바뀌기 어려워지고 결국은 융통성이 없어진다.

　주변을 둘러보면 이렇게 자기 생각에 융통성이 없어지는 현상이 나에게만 일어나는 것 같지는 않다. 친구들도 예전과는 많이 달라졌다는 것을 느낀다. 예전에 친구들을 만나면 밤새도록 철학과 정치를 이야기했었다. 대화를 통해 서로가 상대방을 설득할 수 있다고 믿었고 실제로 서로의 뜻이 합쳐지기도 했다. 하지만 요즈음 들어서 친구들 사이의 이런 대화는 더 이상 찾아보기 힘들어졌다. 서로가 설득되지 않는다는 걸 알면서 긴 시간을 낭비할 필요가 없기 때문이다. 물론 지금도 대화는 하지만 예전 같은 열정이나 밤샘 대화는 사라져버렸다. 이제는 대화하는 목적부터가 달라졌다. 서로 상대방의 입장을 듣고 그 뜻을 존중하는 것으로 만족하게 되었다. 서로의 생각이 평행선을 달리더라도 굳이 조정하려고 시도하지도 않고 그럴 열정도 사라져버린 것이다.

　나는 요즈음 나의 자가논리가 견고해질수록 사람들로부터 더욱 멀어지는 것을 느꼈다. 자가논리에 의한 판단으로 상대방이 좋은지 혹은 싫은지가 분명해졌고, 싫은 사람에 대해서는 더 이상 헛된 노력을 하기 싫어진 것이다. 어떤 경우에는 상대를 모르면서도 상대와 교류할 경우 어떻게 될 것인지 예측하게 되었다. 그리고 만약에 그 결과가 좋지 않을 것으로 보인다면 그와의 교류는 아예 무의미하다고 결론지어버리는 것이다. 이러한 태도로 말미암아 나는 이제껏 알고 지냈던 사람들과 점점 멀어졌고 새로운 사람은 사귀기 어려워졌다.

나는 이제 나이 먹는다는 게 어떤 것인지를 조금 이해할 수 있게 된 것 같다. 나이를 먹을수록 나는 자가논리로 더욱 견고하게 무장하게 될 것이고, 나만 옳다고 생각할 것이며, 나의 주장만 늘어놓게 될 것이다. 대화란 주장하는 사람이 있으면 들어주는 사람도 있어야 한다. 하지만 내 친구들도 나와 별 차이가 없는지라 서로가 자기주장만을 늘어놓게 되었고 결국 서로 상처만 주는 것 같다. 나는 악몽을 꾸는 것 같아 머리를 흔들면서 심호흡을 했다. 차가운 공기로 머리를 맑게 해주어야겠다.


## 학문적으로 검증된 일반논리

고개를 돌려 시계를 쳐다보았다. 10시 10분이니 강의 시간까지는 아직도 20분이나 남았다. 나는 의자를 바로 세우고 강의할 교재를 한 번 훑어보았다. 오늘 강의할 과목은 생산관리로, 주로 공장에서 제품 생산을 효율적으로 하는 방법을 담고 있다. 나는 이 과목을 수없이 강의했지만 여전히 긴장된다. 예전에는 긴장을 풀기 위해서 강의노트를 정리하고 책도 읽어보았지만 그리 효과적인 것 같지는 않았다. 그래서 지금은 가만히 앉아서 가르칠 내용을 떠올려보는 것으로 준비를 대신한다. 나는 이렇게 함으로써 내 머릿속에 어떠한 변화가 생길지 상상해보았다. 가르칠 내용을 떠올리면 오늘 강의할 내용이 있는 생각의 방을 열어놓게 될 것이다. 그리고 이런 상태에서 강의에 임하면 아침에 운전을 했듯이 연관된 생각 조각들이 하나씩 떠오를 것이다.

나는 강의노트를 읽어보았다. 대학에서는 학계에서 인정하는 연구 방법에 의해 검증된 것들만 엄선해서 가르친다. 그리고 우리는 이렇게 만들어진 내용 혹은 생각 조각들을 학문이라고 한다. 학문에서 다루는 논리들은 자가논리와는 구분되어야 하기 때문에 나는 일반논리라고 부르기로 했다. 논리를 추구하는 점에서는 이들이 비슷할지도 모르지만 일반논리는 그 태생부터 자가논리와는 확연히 다르다. 우선 자가논리는 이것을 만든 사람에게만 적용되지만 일반논리는 모든 사람에게 통용된다. 나는 피타고라스의 정리를 생각해보았다. 삼각형의 밑변 b와 윗변 c가 직각을 이룰 때 $a^2=b^2+c^2$이라는 수학적인 논리다. 이 일반논리는 한 변의 길이가 10센티미터가 되었건 50센티미터가 되었건 관계없이 맞아떨어진다. 또 한국에서 적용하건 프랑스에서 적용하건 역시 같은 결과를 보이며, 이를 만든 피타고라스가 적용하건 아니면 그가 가장 싫어하는 사람이 적용하건 그 결과 역시 마찬가지다.

일반논리는 일생을 통해 하나만 발견해도 놀라운 일이다. 그런데

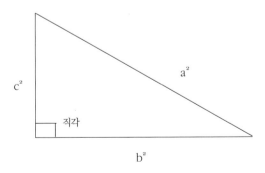

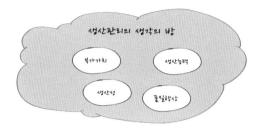

피타고라스는 평생을 걸쳐서 수많은 일반논리를 만들어냈으니 그의 천재성에 정말 감탄할 수밖에 없다. 인류 역사에는 피타고라스 같은 수많은 천재들이 있었고, 그들이 수없이 많은 일반논리를 만들어냈기에 인류는 진보할 수 있었다. 내가 오늘 강의에서 학생들에게 가르치는 것은 생산관리 학자들이 이미 만들어낸 일반논리들이다. 내가 새롭게 하는 것은 전혀 없고 그냥 그들이 만들었던 지식을 학생들에게 전달하는 것이 내 역할일 뿐이다. 나는 내 역할에 충실하기 위해서 머릿속을 정리했다. 나는 지금 생산관리에 대한 생각 조각들을 떠올렸고 다시 한 번 이해하고, 그리고 어떻게 설명할 것인가를 구상하고 있는 것이다.


## 완전하지 않은 일반논리

사람은 불완전한 존재이기 때문에 사람이 만들어낸 결과물이 불완전하다는 것은 전혀 이상할 게 없다. 일반논리들도 결국은 사람이 만들었기 때문에 아무리 똑똑한 사람이 최고의 검증 시스템을 거쳐서 만들었더라도 사람의 한계를 벗어나지는 못하는 것 같다. 내가 이렇게밖에

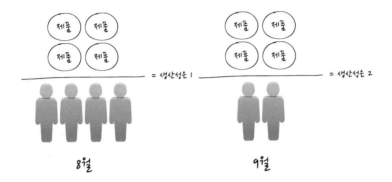

생각할 수 없는 것은 한때 모든 사람들이 믿었던 일반논리가 시간이 지난 뒤에 틀렸다는 것을 발견한 사례가 많기 때문이다.

옛날에는 모든 사람들이 해가 지구를 돌고 있다는 천동설을 믿었다. 참으로 어이없이 잘못된 논리였지만 그때의 교수들은 천동설을 가르쳤다. 지금 생각해보면 그때의 교수들이 참으로 부끄러운 짓을 한 꼴이 되고 말았다. 문제는 이러한 일이 수없이 많이 일어났으며 지금도 지속되고 있다는 것이다. 문득 생산관리 내용을 떠올려봤다. 그리고 오늘 내가 강의실에서 예전 사람들과 똑같은 바보짓을 하는 건 아닐까 생각했다.

요즈음 나를 고민에 빠지게 한 생산성이라는 개념을 생각해보았다. 현재까지 생산관리에서는 생산성을 향상시키는 게 절대적인 목표였다. 하지만 그것이 꼭 옳은 건 아닐지도 모른다는 생각이 나를 혼란스럽게 만들고 있다.

생산성은 산출을 투입으로 나눈 값으로 표현되며 투입의 여러 요소 중의 하나가 바로 인건비다. 요약하자면 기업에서는 같은 제품을 생산할 때 인건비를 줄이거나 고용되어 있는 인원을 내보내면 생산성이 향상되는 것이다.

어느 회사에서 8월에는 제품 4개를 만드는 데 4명이 일했다면 생산성은 4÷4=1이 된다. 이 회사가 9월에 2명을 해고시켰다고 하자. 남아 있는 2명으로 같은 양을 생산할 수 있다면 생산성은 4÷2=2로 8월에 비해 2배나 성장한 게 된다. 하지만 고용은 8월에 비해 반으로 줄어드는 결과가 초래된다. 결국 생산성을 늘리면 고용은 줄어드는 현상이 일어나는 것이다.

현대 경제에서 가장 큰 어려움은 바로 고용 문제인데 바로 그 주범이 생산성 향상인 것이다. 물론 이렇게 명백한 내용이라고 할지라도 그것은 교재의 어떤 부분에서도 드러나 있지 않다. 생산관리 전문가들은 자신이 고용을 축소시키는 원흉이라는 사실을 애써 감추려 할 것이고 다른 사람들은 이 사실을 알 수 없기 때문이다.

정치인들은 수시로 생산성을 높여 산업을 발전시키고 고용을 증대시키겠다고 공약을 한다. 나는 정말 이들이 알고도 거짓말을 하는 것인지 아니면 모르면서 떠들어대는 것인지를 짐작할 수 없다. 혹은 그들은 옛 시절을 생각할지도 모른다. 세계에서 산업화가 된 나라가 적었을 때는 새로운 시장을 언제든지 개척할 수 있었다. 하지만 오늘날 세계는 달라졌다. 이제 거대한 중국과 인도까지 산업화되면서 전 세계적으로 산업시설은 포화상태에 이르렀다. 여기에 생산성까지 향상시키고 있으니 실업자는 더욱 가속적으로 늘어나는 결과만 초래하고 있는 것이다. 나는 학생들을 쳐다볼 때마다 지속직으로 줄어드는 일자리를 걱정한다. 그 원인 중의 하나가 바로 생산관리라는 사실을 어떻게 설명한단 말인가? 시계는 10시 20분을 가리키고 있다. 이제는 강의실로 가야 할 시간이다.


## 자가논리와 일반논리의 연결

20세기 초 오스트리아의 정신과 의사 프로이트는 인간의 정신생활의 고찰에 대한 전복적인 접근방식을 구상했다. 이는 산업혁명과 미래에 대한 낙관주의, 그리고 이 모든 것을 뒷받침하던 자연과학에 대한 맹신이 지배하는 유럽의 지적 토양에서 격렬한 반향을 불러일으켰다. 프로이트가 주장한 '인간의 사고와 행동의 전반을 지배하는 무의식의 개념'은 수많은 임상결과를 관찰하며 도출해낸 그의 자가논리였을 뿐이다.

하지만 『꿈의 해석』, 『정신분석학 강의』 등의 왕성한 저작활동과 이론의 수정, 보강을 거듭하며 프로이트의 연구는 어둠에 쌓여 있던 인간 정신생활의 단면들을 밝혔다. 프로이트의 사후에도 그의 저명한 제자들은 그가 제시한 인간주체를 기반으로 사회, 문학, 철학비평의 새로운 방향을 제시해, 그 결과 그의 자가논리는 드디어 일반논리로 인정받게 되었던 것이다.

아무리 위대한 일반논리라고 할지라도 그것이 만들어지는 과정을 보면 애초에는 이를 떠올린 사람의 혼자만의 생각으로 시작된다. 이 단계에서는 뉴턴의 만유인력이나 다윈의 진화론, 또는 아인슈타인의 상대성이론이라 할지라도 자가논리의 범주에 있었다고 생각할 수 있다.

이와 같은 자가논리는 이를 만든 사람들이 완벽한 논리성을 찾아내어 증명하고 이를 다수에게 인정받은 후에야 비로소 일반논리로 발전하게 되었던 것이다.

이와는 반대로 일반논리로 인정받았다가 다시 자가논리로 되돌아가는 경우도 있었다. 앞에서 언급한 천동설이 그렇고 혈액형과 성격의 관계도 그렇다. 혈액형과 성격의 관계에 대한 학설은 한때 일반논리로 통했다. 하지만 연구가 거듭될수록 이 논리는 과학적이지 않다는 게 증명되면서 더 이상 일반논리로 인정받지 못하고 있다. 이렇듯 자가논리가 일반논리로 발전하기도 하지만 일반논리가 그 지위를 잃고 다시 자가논리로 돌아가기도 한다. 이러한 순환 과정을 보면 이 둘이 절대적으로 분리되었다고 하기는 어려울 것 같다.

나는 문득 내가 만든 자가논리들을 생각해보았다. 나의 자가논리도 일반논리로 발전될 수 있을까? 강의실로 걸어가면서 어떤 것이 일반논리가 될 수 있을까 궁리해보았다.


## 일반논리를 이용한 자가논리

강의실이 있는 건물로 가면서 나는 자연스럽게 샛길로 들어섰다. 아스팔트로 포장된 큰길이 있지만 학생들이 자주 다니면서 만들어진 샛길을 나는 더 좋아한다. 잔디밭 위를 가로지르는 이 길을 이용하면 가장 빠르게 갈 수 있기 때문이다. 예전에 재미 삼아 한번 시간을 측정해본 적이 있는데 큰길로 가는 것보다 15초 정도 덜 걸렸다. 사람들은 겨우 15초 정도를 가지고 따지는 내 태도가 우습다고 할지도 모른다. 하지만 행동을 할 때는 언제나 효율성을 추구해야 한다는 자가논리를 가지고 있는 나로서는 지극히 당연한 태도다.

효율성을 추구하는 내 생각은 전공인 생산관리와 밀접한 관련이 있다. 특히 공장 작업자들의 작업 방법을 기술한 작업연구로부터 직접적인 영향을 받았던 것 같다. 작업연구에 의하면 공장의 작업자들의 모든 동작에는 이유가 있어야 하고 효율적이어야 한다. 그래서 작업에 필요한 가장 효율적인 동작을 알아내야 한다. 그 이후에는 이를 표준으로 삼아 작업 매뉴얼을 만들게 된다. 일단 작업 매뉴얼이 만들어지면 작업자들은 매뉴얼에 따라 손동작 하나 몸동작까지도 따라 작업해야만 한다. 그렇게 하는 게 가장 효율적이기 때문이다.

생산관리며 작업연구를 매일 연구하고 가르치다보니 이제 내 생각도 여기에서 벗어날 수 없게 되어버린 것 같다. 나의 생각이나 행동이 언제나 효율적이어야 한다고 믿게 되었고 그렇지 않으면 불편함을 느끼게 된 것이다. 길을 걸어갈 때뿐만 아니라 운전할 때도 그렇고 사과를 깎을 때나 화분에 물을 줄 때도 그렇다. 항상 모든 동작에서 시간을 줄이거나 적게 행동할 수 있는 방법을 구상하곤 한다. 그리고 좋은 방법이 생각날 때면 이를 표준화시키고 그 이후로는 꼭 그렇게 행동한다. 오늘 아침에 운전하고 왔던 출근길이나 주차장의 주차 공간, 그리고 지금 가고 있는 샛길 등은 모두 이런 식으로 정해졌다.

나는 '효율성을 추구하는 행동'이라는 자가논리가 다른 자가논리하고는 그 출발점이 다르다는 것을 알고 있다. 브레이크 이론이나 0.1밀리미터 이론 등은 순전히 나의 경험과 깨달음으로 만들어졌지만 '효율성을 추구하는 행동'은 작업연구라는 일반논리로부터 시작되었기 때문이다. 일반논리를 바탕으로 해 자가논리가 만들어진 셈이다.

이론적으로 든든한 배경을 두어서인지 일반논리에 근거를 둔 자가논리들은 다른 자가논리보다는 논리적으로 더욱 확신하는 것 같다. 더욱이 '효율성을 추구하는 행동'은 실생활에 적용할 수 있는 부분이 많기 때문에 나는 매사를 더 효율적으로 행동하는 방법을 찾아내곤 했다. 냉장고에 어느 정도의 재고를 쌓아야 가장 효율적이고 그러기 위해서는 시장을 며칠에 한 번 가야 하는지, 화장실에 화장지는 몇 개를 갖다놓아야 적합한가 등 세세한 것까지 나만의 규칙을 만들었다. 그리고 다른 사람보다 더 효율적으로 살고 있다는 데 커다란 자부심을 갖고 있었다.

결혼 초기에 아내에게 나의 자가논리들을 설명해주면서 이렇게 생활하면 훨씬 더 효율적이라고 말했다. 아내는 한참을 가만히 있더니 한숨을 쉬고는 말했다.

"아무래도 당신이 장을 보고 냉장고를 관리하는 게 좋을 것 같아!"

나는 아내의 이 한마디에 효율을 찾던 모든 규칙을 포기했다.

# ∴5장

# 공부가 어려운 세 가지 이유

## 강의는 생각의 전달이다

나는 강의실로 천천히 걸어갔다. 불과 몇 분 후면 수십 명의 학생 앞에서 강의를 해야 한다는 생각이 나를 긴장시켰다. 강의는 언제나 어려웠고 그래서인지 나는 점차적으로 긴장감이 올라가는 것을 느꼈다. 나는 지금 갖가지 생각에 골몰하고 있다. 강의할 내용도 떠올려보았고 이를 설명할 방법도 되새겨보았다. 물론 이런 것들은 이미 연구실에서 몇 번씩이나 검토해본 사항들이다. 정작 지금 내가 해야 할 생각은 오직 하나뿐인 것 같다. 어떻게 하면 학생들을 강의가 시작될 때부터 끝날 때까지 내 생각 속에 잡아놓을 수 있을 것인가 하는 것이다. 어차피 공부는 생각이기 때문이다. 그리고 내가 이를 달성할 수만 있다면 나는 홀가분한 마음으로 강의를 마칠 수 있을 것이다.

강의실은 언제나 학생들의 웃고 떠드는 소리로 시끌벅적하다. 학생들은 지금 친구들하고 이야기하느라 여념이 없지만 일단 강의가 시작되면 내 말에 귀 기울일 것이다. 이런 그들의 생각을 강의 시간 내내 도망가지 못하도록 꼭 붙잡아두는 게 바로 내가 해야 할 일이다. 사람

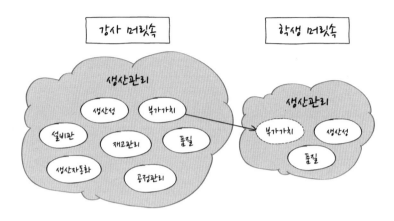

의 생각을 붙잡는 방법은 여러 가지겠지만, 나는 내가 가지고 있는 특정한 생각을 학생의 머릿속으로 전달하는 것으로 이루려 한다. 그리고 오늘 전달하려는 생각은 바로 생산관리라는 큰 주제 속에 있는 부가가치다.

나의 머릿속에 부가가치는 어떠한 형태로 기억되고 있을까? 생산관리라는 커다란 생각의 방이 있을 것이고, 그 안에 부가가치라는 작은 생각의 방으로 존재하고 있을 것이다. 나는 머릿속에 있을 생각의 방들을 그려보았다.

내 머릿속에 있는 부가가치라는 생각의 방을 어떻게 하면 학생에게 제대로 전달할 수 있을까? 사실 나는 이 부분에 대해서는 썩 자신이 없다. 학생들은 예전에 내 강의를 듣고 너무 어렵다느니 알아듣기 힘들다느니 등의 불만을 털어놓았기 때문이다. 그 원인을 고민해본 끝에 그럴 싸한 이유를 찾아냈다. 바로 생각의 전달, 그 자체가 어렵다는 것이다.

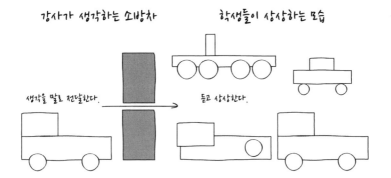

강사가 생각하는 소방차          학생들이 상상하는 모습

생각을 말로 전달한다.          듣고 상상한다.

생각 전달의 어려움

오랫동안의 강의를 통해 나는 생각을 제대로 전달한다는 게 결코 쉬운 일이 아니라는 걸 깨달았다. 생각이란 보여줄 수도 없을뿐더러 만져보거나 느끼게 해줄 수도 없기 때문이다. 단지 한정된 언어로 엇비슷하게 설명할 수 있을 뿐이다. 그렇다 보니 생각을 전달하는 과정에서는 으레 오해와 변질이 생기는 것 같다. 예를 들어 내가 강의실에서 소방차를 설명했다고 하자. 그러면 학생들은 단지 내 말만을 듣고 소방차를 상상해야 한다. 일부 학생은 내 설명을 듣고 내가 생각하는 소방차와 비슷하게 상상할 수도 있을 것이다. 하지만 다른 학생들은 소방차의 부분만을 이해하기도 할 것이고 또는 완전히 왜곡해 전혀 다른 모습을 상상할 수도 있을 것이다.

생각 전달의 어려움을 알고 있는 나로서는 학생들이 내 설명을 제대로 이해하고 있는지 항상 궁금했다. 내가 아무리 전달을 잘 하더라도 받는 사람이 해야 할 몫도 있기 때문이다. 물론 시험이라는 제도가 있어서 학기말이 되면 어느 정도는 알아낼 수는 있을 것이다. 하지만 그

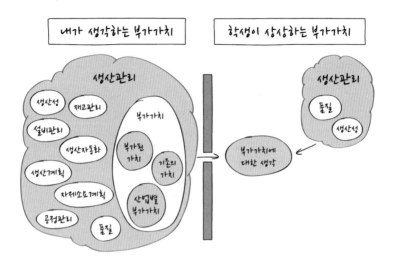

전에 이미 강의실에서 어느 정도는 알고 있는 것 같다. 나의 생각을 잘 전달받는 학생은 강의나 강사에 대해 특별한 관심을 가지는 게 느껴진다. 그들은 강의실에 들어설 때부터 눈을 마주치기도 하고 내 말이나 행동에서 얻을 수 있는 정보를 빠뜨리지 않고 수집한다. 학생의 이러한 반응은 이 과목에 관한 생각의 방을 펼쳐놓았기 때문이라고 나는 믿는다. 방이 열려 있기 때문에 강의 내용은 생각의 씨앗이 되었을 것이고, 필요한 생각 조각들이 적절히 반응했을 것이며, 따라서 생각도 자연스럽게 만들어졌을 것이다.

이에 반해 강의를 제대로 전달받지 못하는 학생들은 강의를 듣지도 않고 관심도 보이지 않는다. 이들은 아마도 강의와는 전혀 무관한 생각의 방을 열어놓고 있을 것이다. 내가 아무리 설명을 한다고 하더라도 학생이 열어놓은 생각의 방과는 전혀 연관되지 않을 것이고, 따라서 생각은 만들어지지 않았을 것이다.

### 강의는 생각의 씨앗일 뿐

나는 강의에 열중했고 학생들은 열심히 듣고 있었다. 강의실 안은 진지한 분위기 속에서 생각의 열기에 점차 휩싸였다. 문득 나의 생각이 학생들의 머릿속에 제대로 전달은 되고 있는지 궁금해졌다. 나는 학생들의 얼굴을 쳐다보면서 그들의 머릿속에서 어떤 일이 벌어지고 있는지를 그려보았다.

나는 지금 부가가치라는 생각의 방을 펼쳐놓고 이를 학생들에게 전달하려고 하고 있다. 나의 말은 생각의 씨앗이 되어 학생들의 머릿속을 자극할 것이다. 내가 정작 알고 싶은 것은 그다음으로 학생들의 생각이 어떻게 되느냐다. 하지만 그 이후의 과정에 대해서는 사실 나로서는 더 이상 알 길이 없다. 내 말을 듣고서 어떻게 할지는 전적으로 학생들 자신에게 달려 있기 때문이다. 자신의 생각의 방들을 열고 부가가치에 대한 생각 조각을 만들지 아니면 그냥 흘려버리는지를 내가 관여할 수는 없다. 나는 새삼 강의의 한계를 느꼈다. 그래! 강의란 학생들에게는 생각의 씨앗일 뿐 그 이상이 될 수는 없다.


## 강의의 영향력

강의는 계속되었고 학생들은 여전히 내 말에 집중하고 있다. 나는 잠시 그들을 둘러보았다. 강의 전에 언제 수다를 떨거나 휴대전화를 만지작거렸나 싶게 조용했다. 학생들의 이런 모습을 보면 가끔씩 강의를 한다는 게 정말 대단한 특권이라는 생각이 든다. 조금 전까지는 각자 다른 생각을 하고 있었을 이 많은 학생들이 지금 이 순간만큼은 모두 생산관리라는 하나의 생각만을 하고 있기 때문이다. 그리고 더욱 감동적인 건 이들의 생각은 오직 내 생각에 의해서 이끌려가고 있다는 점이다. 내가 만약에 공장을 생각한다면 이들은 공장을 생각하게 될 것이고, 내가 그 어떤 것을 생각하든지 그들의 생각은 나를 따라올 것이다.

나는 문득 나와 학생들의 관계가 마치 시각장애인과 이들을 인도하는 안내자와 유사하다는 생각이 들었다. 나의 의도에 따라 이들의 생각이 이끌려오기 때문이다. 내가 아름다운 생각으로 인도한다면 이들은 아름다운 생각을 하게 될 것이고, 상황을 왜곡해 설명한다면 이들은 왜곡된 생각에 빠질 수밖에 없을 것이다. 나는 끔찍한 생각을 한 듯이 고개를 흔들었다. 사실 타인의 생각을 움직이거나 또는 타인에 의해서 자기 생각이 움직여진다는 건 섬뜩한 일이기 때문이다. 진실이 개인의 의도에 의해 조작될 수 있다는 건 너무도 위험한 일이다. 내가 하고 있는 이 강의에서도 그런 일이 벌어질 수 있다는 사실에 무거운 책임감이 느껴졌다. 그리고 영향력이 큰 강의일수록 그 책임감도 더욱 커져야 할 거라는 생각을 했다.

## 공부가 어려운 세 가지 이유

지금 이 강의실에 있는 학생들을 포함해 내가 아는 거의 모든 사람은 공부하기를 싫어한다. 비단 생산관리뿐만 아니라 수학이나 물리, 사회, 화학 등 그 어떤 것도 공부라는 테두리 안에 넣기만 하면 싫어하는 것이다. 그 이유는 무엇일까?

### 첫째, 대부분의 공부는 본성과 관련 없는 생각이다

생각은 본성이나 기억으로부터의 대응이 있어야만 만들어질 수 있다는 점은 이미 알아보았다. 그런데 공부라는 생각의 대부분은 본성과 거리가 멀다. 생각을 만들어내는 한쪽의 축인 본성으로부터 만들어질 수 있는 생각은 거의 없는 셈이다. 사람의 생각이 대부분 본성과 관련 있다는 것을 감안하면 공부란 참으로 자연스럽지 못한 생각인 것이다.

오늘 내가 했던 생각을 돌이켜본다면 거의 대부분은 본성으로부터 만들어진 생각들이다. 날씬한 다리나 여성헬스장을 보고 들었던 이성에 대한 호기심이 그랬다. 이런 생각들과는 달리 지금 내가 가르치고 있는 생산관리나 수학, 물리학, 화학, 철학, 사회학, 법학 등은 사람의 본성과는 거리가 멀다. 이것들은 성적인 호기심을 자극하지도 않고 배고픔이나 수면 등을 달래주지도 않으며 쾌감을 주지도 않는다. 그렇다 보니 지금 강의를 듣고 있는 저 학생들의 생각도 오직 기억에 의존하는 생각인 것이다. 생각이란 원래 숨을 쉬는 것처럼 자연스럽게 우러나와야 한다. 그렇지 못한 공부는 그래서 자연스럽지도 않고 흥미도 끌지 못한다.

### 둘째, 공부는 현실 없는 상상이다

공부의 거의 대부분 강의실에 존재하지 않는 것들에 대한 생각이다. 강의실에서 지구가 태양을 도는 원리와 별들의 거리를 배우거나 지구 반대편에서 벌어지는 사회 현상을 토론한다. 이런 것들은 현재 나의 육체가 머무는 시간과 공간에서 벌어지는 일이 아니기 때문에 현실이 아닌 상상이라고 해야 할 것이다. 그래서 공부라는 생각은 주로 상상인 것이다.

공부가 어려운 것은 현실에서 거의 경험해보지 못한 것들을 상상해야 하기 때문이다. 사실 상상의 출발점은 일반적으로 현실이다. 자동차를 타고 멀리 여행하는 상상을 했다면 그 이전에 이미 어디선가 멋진 경치를 보았을 것이고 자동차도 타보았을 것이다. 아주 조금이라도 현실에서 경험을 한 후에야 비로소 이를 바탕으로 상상이 이루어진다. 하지만 공부는 현실 없는 상상을 강요한다. 공부의 내용들을 보면 거대한 숫자들과 그것들 간의 논리적인 개념들, 한 번도 가보지 못한 외국의 언어, 아주 옛날에 사라져버린 사람들의 이야기, 애매모호한 언어로 표현된 타인의 감정, 보이지 않는 천체와 우주, 사람들 간의 보이지 않는 약속 등으로 현실에서는 거의 경험해보지 못한 것들이다. 이런 것들을 가르치는 사람의 설명만을 듣고서 상상하고 이해해야만 한다.

이제야 나는 왜 공부라는 생각이 쉽게 떠오르지 않는지 알 수 있을 것 같다. 그것들은 한 번도 본 적도 경험한 적도 없는 것들이기 때문이다. 나는 새로운 과목을 접할 때 그 막연함이 어디에서 오는지도 깨닫게 되었다. 한 번도 접해본 적이 없는 것에 대한 형상을 그려볼 수 없었기 때문이다. 교실에 있는 학생들은 마치 눈 먼 사람과 같고 강사는 그들에게 소방차나 코끼리를 말로 설명해주었던 것이다. 그래서 학생들은 어렵고 막막했을 것이다.

### 셋째, 매개체라는 존재

공부의 또 다른 어려움은 학습자와 실체 사이에 매개체가 존재하는 데 있다. 내가 가르치는 과목을 예로 들어본다면, 생산관리는 배움의 대상인 실체가 되고 학생은 학습자인데 그 사이에 나와 같은 매개체가 끼어 있는 것이다. 목표를 직접 접하지 못하고 무엇인가를 통해야만 한다면 그 자체가 이미 왜곡될 조건이 마련된 셈이다. 이런 단점에도 불구하고 굳이 매개체가 존재해야 하는 이유는 누군가가 생산관리를 먼저 이해하고 이를 학습자에게 전달해야 하는 역할을 담당해야 하기 때문이다.

실체와 학습자 그리고 매개체의 관계는 마치 밖에 있는 물체와 집 안에 있는 사람 사이에 유리창이 있는 것과도 같다. 만약에 유리창이 투명하고 굴절이 없다면 밖의 물체가 그대로 보이겠지만 그렇지 못할 경우 왜곡되게 보일 수밖에 없다. 강의도 이와 마찬가지다. 매개체인 내가 생산관리를 잘못 이해하고 있거나 제대로 전달하지 못할 경우에는 학습자인 학생은 어쩔 수 없이 잘못된 공부를 하게 된다.

만약에 학습자가 자신이 잘못 배우고 있다는 걸 알 수 있다면 이를 바로잡을 수도 있을까? 난감한 것은 학습자는 실체에 대해서 잘 모르고 있다는 점이다. 그래서 자신에게 보이는 게 올바른 실체인지 아니면 왜곡된 것인지를 구분할 수 있는 능력이 없다. 내가 잘못 가르치고 잘못 평가하더라도 지금 내 앞에 앉아 있는 저 학생들은 이를 제재할 방법이 없다. 이들은 어쩔 수 없이 내가 가르친 대로 배우고 공부할 수밖에 없는 것이다.

# 공부에 가속을 붙게 하는 '기억의 시너지 효과'

강의를 시작한 지 몇 주가 지나니 이제는 눈에 띄는 학생이 있는가 하면 그렇지 못한 학생도 있다. 강사가 학생의 얼굴을 구분한다는 것은 그들 사이에 실력의 차이가 나타나기 시작했다고 보아야 할 것이다. 새로운 학기가 시작되었을 때 이들 간의 실력 차이는 미미했겠지만 강의가 진행될수록 그들 간의 실력은 점차 벌어지게 된다. 그리고 결국 학기말이 되면 어떤 학생은 A⁺를 받을 것이고 또 어떤 학생은 F를 받게 된다. 같은 강의실에서 같은 교수의 강의를 들었는데 이렇게까지 차이가 나는 것을 어떻게 설명할 수 있을까. 나는 이러한 차이가 나타나는 이유를 '기억의 시너지 효과' 때문이라고 믿는다.

원래 공부라는 생각은 기억에 크게 의존해 이루어지기 때문에 기억된 것이 적으면 생각이 적게 만들어지고 기억된 것이 많으면 많은 생각이 만들어지게 된다. 물론 이 과목을 수강하는 학생들도 이러한 현상에서 예외일 수는 없다. 처음 강의에서 생각 조각들을 만들어 기억한 학생들은 그것을 바탕으로 반복적으로 더 많은 생각을 만들어냈을 것이고, 그렇지 못한 학생들에게는 여전히 생소한 과목으로 남아 있을 것이다.

'기억의 시너지 효과'가 일어나는 과정을 구체적으로 따져보면 이렇다. 첫 시간에 학생들은 생산성에 대해서 들었다. 생산성은 생각 씨앗이 되었고, 어렴풋하게나마 관련된 생각 조각들이 반응하여 결국 생산성의 개념과 계산 방법에 대한 생각 조각들이 만들어졌을 것이다.

두 번째 시간은 학생들이 이미 생산성에 대한 개념과 생산성 계산 공식을 기억하고 있는 상태에서 시작된다. 강의의 내용인 품질이 생각

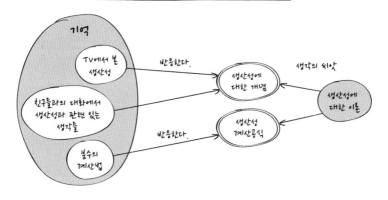

첫 시간에 생산성을 생각하는 과정

기억

TV에서 본 생산성

반응한다.

생산성에 대한 개념

생각의 씨앗

친구들과의 대화에서 생산성과 관련 있는 생각들

생산성에 대한 이론

분수의 계산법

반응한다.

생산성 계산공식

의 씨앗이 되어 들어오면 생산성에 관련된 기억들이 자연스럽게 떠오르게 될 것이다. 그 결과 학생은 첫 번째 시간에서보다 훨씬 쉽게 품질을 이해할 수 있을 것이고, 생산성과 품질을 동시에 이해하고 기억하게 될 것이다. 이 단계에서 조금이라도 생각할 줄 아는 학생이라면 여태껏 알고 있는 것을 응용까지 할 수 있게 된다. 이를테면 품질이 좋아지면 생산성도 높아진다는 등의 생각을 할 수 있는 것이다. 즉, 이미 기억되고 있는 것들을 통해서 새로운 생각 조각을 만들어내는 시너지 효과가 생겨나는 것이다.

이제 학생은 생산성과 품질을 기억하고 있고, 이 상태에서 또 다른 생산관리에 대한 개념을 배우면 더 쉽게 이해할 수 있을뿐더러 더 많은 생각도 할 수 있게 된다. 마치 눈덩이를 처음 굴렸을 때에는 눈이 조금밖에 덧붙어지지 않지만 눈덩이가 커질수록 더욱 많은 눈이 달라붙는 것과도 같다. 아는 것이 많아질수록 더 많은 것을 생각할 수 있게 되는

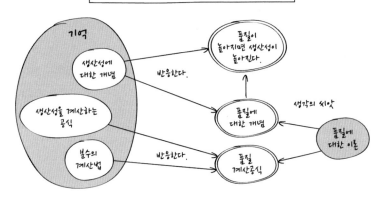

기억의 시너지 효과를 톡톡히 누릴 수 있게 되는 것이다.

기억의 시너지 효과는 공부에서뿐만 아니라 기억이 관여된 곳이라면 어디서나 볼 수 있다. 이를테면 사람들 간의 대화에서도 나타난다. 처음 만난 사람은 상대에 대해서 모르는 것이 많기 때문에 물어볼 것도 많고 할 말도 많을 것 같다. 하지만 이런 관계에서는 막상 할 말이 잘 생각나지 않는다. 상대에 관한 생각을 만들어줄 발판이 될 수 있는 기억이 없기 때문이다. 반면에 자주 만나는 상대하고는 그에 대한 많은 기억들이 쌓이게 되고 더 많은 생각을 할 수 있게 된다. 결국 자주 만나는 사람과 더욱 풍성한 대화를 즐길 수 있게 되는 것이다.

∴ 6장

# 내 생각이 굳어질 때

## 생각의 방을 고착화시키는 생각의 틀

나는 부가가치에 대한 설명을 계속했다. 부가가치란 원래의 가치에 부가되는 가치를 말한다. 예를 들어 상인이 농부한테 배추 한 포기를 100원에 구입해 도시로 가지고 가서 300원에 팔았다고 하자. 이 경우에 상인의 행위로 인해서 200원의 가치가 덧붙여졌으니 이를 부가가치라고 한다. 나는 부가가치를 설명하면서 서비스업의 부가가치가 농업에 비해서 상대적으로 높다는 이야기를 해주었다. 그러자 앞에 있던 학생이 망설이지 않고 질문한다.

"그러면 왜 사람들은 부가가치가 적은 농업을 계속하는 것인가요?"

나는 순간 어떻게 답변해야 할지 망설였다. 내가 알고 있는 건 단지 농업의 부가가치가 전반적으로 서비스업보다 적으며 따라서 같은 시간 일을 하더라도 농민은 서비스업 종사자보다 적은 소득을 얻게 된다는 것이다. 그럼에도 불구하고 현실에서는 여전히 농민들은 농사를 짓고 있다.

주위를 살펴보면 사람들은 생산관리에서 가르치는 대로 효율적으로 살지도 않고 생각하지도 않는다. 친구 관계에서나 직업을 선택할 때, 그리고 특히 사랑할 때는 자신이 손해 보는 것을 뻔히 알면서도 행동한다. 나는 문득 도시에서 고액의 연봉을 받던 사람들이 제주도로 이주하면서 했던 말이 떠올랐다. 그들은 도시 생활에서 멀어지고 싶었고 더 이상 바쁘게 살고 싶지 않으며 효율을 더 이상 따지고 싶지 않다고 말했다. 그들은 왜 효율적인 삶을 포기했으며 나는 왜 그들처럼 생각하지 못하는 것일까? 나는 그 이유를 내가 가지고 있는 '생각의 틀'이 농민들이나 제주도로 떠난 사람들을 이해하지 못하기 때문이라고 생각한다.

## 생각의 틀의 생성

평평한 뜰에 물을 부으면 처음에는 어디로 흐를지 몰라 주춤거린다. 그러다가 결국은 어느 한쪽 방향으로 흐르면서 작은 자국을 만들어 낸다. 그 후에 다시 물을 부으면 이제는 주저 없이 그 만들어진 작은 자국을 따라 흐른다. 이런 과정이 반복될수록 물길 자국은 점점 더 깊이 파여 결국은 견고한 도랑이 만들어진다. 이러한 상황이 반복될수록 굳어져서 바꾸고 싶어도 바꿀 수 없는 상태로 고착화되고 마는 것이다.

생각도 반복된 물길로 만들어진 도랑과 비슷한 현상이 일어났을 것이라고 생각한다. 어떤 일을 처음으로 경험했을 때는 판단을 망설이기도 하고 생각할 시간을 필요로 한다. 그래서 첫 경험은 항상 실수투성이고 서투르다. 하지만 유사한 상황이 또 다시 벌어진다면 그때는 처음과는 다른 침착한 대응을 할 수 있다. 이전의 기억이 떠올라 비슷한 판단을 쉽게 내릴 수 있게 되는 것이다. 그리고 이런 상황이 반복된다면 나는 별 고민 없이 같은 결정을 쉽게 내릴 수 있을 것이다. 마치 반복된 물

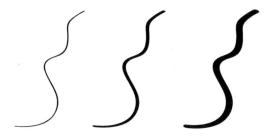

길로 만들어진 고랑처럼 나의 생각을 고정시키는 일종의 생각의 틀이 생긴 것이다. 일단 생각의 틀이 만들어지면 그 후에 일어나는 비슷한 상황에 대해서는 생각의 틀에 의해서 고정된 판단을 했던 것 같다.

처음으로 내 생각이 고정되는 현상을 발견한 곳은 생산관리라는 생각의 방이었다. 이 방에는 수많은 생각 조각들이 있지만 나는 이 모든 것을 효율성을 중심으로 이해하고 있었다. 그리고 모든 상황을 효율성으로만 판단하다보니 결국은 효율성이 생각의 틀로 자리 잡게 되었다. 이제 나의 생산관리는 효율성을 중심으로만 이해할 수 있게 고정되어버린 것이다. 그리고 그 결과 이에 반하는 생각들은 받아들이기 어렵게 된 것이다. 내가 농사짓는 사람들이나 제주도로 떠나는 사람들을 이해하지 못하는 이유는 그들이 하는 일이 '효율적'이지 못하기도 하지만 나의 생각이 고정되어 있기 때문이기도 하다. 이제 나의 생각에서 유연성은 사라져버렸고 오직 생각의 틀에 맞추어 판단할 수 있게 고착되어버린 것이다.

생각의 틀이 생기면 빠르고 일관성 있는 생각을 할 수 있다는 장점을 갖게 되지만 반면에 획일적이고 융통성이 없으며 상반된 생각을 수

용하기 어려운 단점도 함께 갖게 된다.

학생은 여전히 나를 쳐다보며 답을 기다렸고 나는 답변을 해야만 했다. 나는 지금 효율성의 추구라는 생각의 틀에 갇혀 있었고 그래서 비효율성이나 여유로움 등의 상반된 생각을 받아들이지 못하고 있는 것이다. 하지만 생산관리를 강의하는 이 시간만큼은 효율만이 능사가 아니라고 대답하기 싫었다. 그래서 나는 그냥 모르는 체하기로 결정해 버렸다.

"그 질문에 대한 답은 나도 알지 못합니다. 농민들이 손해를 보면 서까지 왜 농업을 계속하는지를 농민이 아니고서야 어떻게 알겠습니까? 농업이 너무 좋아서인지, 아니면 그것밖에 할 줄 아는 게 없어서인지, 아니면 또 다른 이유가 있어서인지 알 수가 없네요. 다만 그들이 생산관리의 측면에서만 농업을 바라보고 있지 않다는 것은 확실하네요.

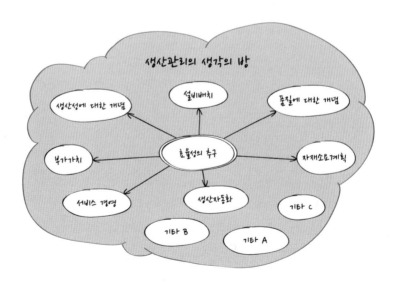

판단을 하는 데 효율이나 생산성만이 능사는 아닐 테니까요."

## 다양한 생각의 틀

한 번 만들어진 생각의 틀은 그 생각의 방에만 영향을 미치는 것은 아닌 듯하다. 효율이라는 생각의 틀은 생산관리 생각의 방에서 만들어졌지만 그것이 이제는 내 생각에 전반적으로 영향을 미치고 있기 때문이다. 약간의 시간이라도 절약하기 위해서 샛길로 강의실에 다닌다든지, 연구동에서 가깝고 편리한 장소를 찾아서 주차를 한다든지, 또는 즐거워야 할 여행 중에도 효율을 따지고 있는 것들을 보면 그렇다. 이렇듯 생각의 틀은 판단의 기준이 되기 때문에 그가 어떤 생각의 틀을 가지고 있는지에 따라 그의 생각은 완전히 달라진다. 내 경우를 보더라도 '효율성의 추구'라는 생각의 틀을 알기만 한다면 내 판단을 거의 예측할 수 있을 것이다.

문득 다른 사람들은 어떤 생각의 틀을 가지고 있는지 궁금해졌다. 나는 한 친구의 말을 떠올려보았다.

"사람과의 사이는 너무 가까워도 안 좋고 너무 멀어져도 안 좋다고 생각해."

나는 이 말이 그 친구의 대인 관계에서의 생각의 틀이라고 생각한다. 그렇다면 그는 친구들과 너무 가까이 지내지도 않고 그렇다고 멀리하지도 않는 그런 친구 관계를 갖고 있을 것이다.

돌아가신 아버지가 돈에 대해 생전에 늘 하던 말씀도 생각이 났다.

"절대로 빚보증을 서면 안 된다. 형제간이라고 해도 이것은 꼭 지켜야 된다."

사실 아버지는 생전에 빚보증을 섰다가 손해를 많이 보았다. 그런 경험을 바탕으로 아버지는 빚보증에 대해 나름대로의 생각의 틀을 만들었을 것이다. 그리고 그 이후에는 절대 빚보증을 서지 않았다.

대부분의 사람들은 자기 직업에 관한 뚜렷한 생각의 틀이 있다. 이를테면 상인들은 이윤을 창출해야 한다는 생각의 틀을 가지고 있다. 그래서 상인들은 대화를 하거나 오랜 친구를 만나거나 취미생활을 할 때에도 어떻게 하면 이윤을 창출할 수 있을 것인가에 특별한 관심을 보인다. 이런 식으로 군인들은 전쟁처럼 모든 것에서 이겨야 한다는 생각의 틀을, 교사는 학생을 가르쳐야 한다는 생각의 틀을, 그리고 공무원은 적법한 절차에 따라 일을 해야 한다는 생각의 틀을 각각 갖고 있을 것이다. 그리고 직업에서 얻은 생각의 틀은 단지 직장에서뿐만 아니라 자신의 생활 전반에, 특히 가정에서도 활용하려 드는 것 같다.


## 생각의 구조화

나는 사람들이 가지고 있는 생각의 틀을 보면서 그 형태가 다양하다는 것을 알게 되었다. 우선 생각이 단순한 사람의 생각의 틀은 마치 단층의 단순한 건물 구조처럼 간단하다. 이러한 생각의 틀은 복잡할 것이 없기 때문에 생각은 간단명료하고 매사가 분명히 구분된다.

아무리 간단하더라도 생각의 틀을 가지고 있다는 것은 그 자체만으로도 그렇지 않은 경우와는 커다란 차이점이 있다. 일단 생각의 틀이 만들어지면서 생기는 가장 큰 변화는 생각 조각들이 정리되어 보인다는 점이다. 이는 생각의 틀 자체가 확고한 관점, 즉 바라보는 시각이 되기 때문이다. 아무리 다양하고 많은 생각 조각들이 있더라도 이것들을 생각의 틀의 관점에 따라 구분함으로써 질서정연한 상태로 바라볼 수 있는 것이다. 예를 들어 강의실에 있는 학생들에 대한 아무런 생각의 틀이 없다면 지금 내 앞에 앉아 있는 수많은 학생들을 전혀 구분할 수 없어 혼란스러울 것이다. 이럴 경우 내가 만약 '열심히 공부하는 학생은 앞에 앉는다'라는 생각의 틀을 가지게 된다면 학생들을 바라보는 시각이 훨씬 편하게 정리될 것이다.

생각의 틀이 생기면 달라지는 또 다른 점은 판단이 훨씬 쉬워진다는 것이다. 생각의 틀 그 자체가 상황을 보는 관점이면서 판단의 기준이 되기 때문이다. 어떤 상황이든지 기준만 알고 있다면 옳은지 그른지, 적합한지 아닌지를 구분하는 것은 그리 어렵지 않다. 예를 들어 다양한 색상의 옷들 중에서 어떤 것을 고를지는 쉬운 일이 아니다. 하지만 초록색을 좋아한다는 생각의 틀을 가지고 있다면 그 후에는 옷을 쉽게 고를 수 있을 것이다. 이런 식으로 대인관계에서의 생각의 틀이 있으면 사람을 판단하는 게 쉬워질 것이며 돈, 친구, 직업 등에 대한 생각의 틀을 가지고 있다면 각각 그 부분에 대한 판단이 쉬워질 것이다.

### 생각의 틀은 굉장히 복잡해질 수 있다

생각의 틀은 단순할 수도 있지만 사람에 따라서는 굉장히 복잡해질 수도 있다. 같은 상황을 바라보는 시각도 이분법처럼 단순하게 볼 수도

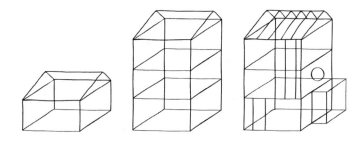

있지만 미묘한 차이까지를 감안하여 복잡하게도 볼 수 있기 때문이다.

　나는 생각의 틀을 건축물의 구조에 비유해보았다. 어떤 사람의 생각의 틀은 단층의 단순한 주택같이 간단할 수도 있을 것이고, 어떤 사람의 것은 복잡한 구조를 가질 수밖에 없는 고층 건축물 같을 수도 있을 것이다.

　강의실 학생들의 경우를 다시 보자. 생각의 틀이 복잡한 사람의 생각의 틀은 '열심히 공부하는 학생은 앞에 앉으며 책과 필기도구를 꺼내 놓고 열심히 들으며 질문을 한다'와 같이 여러 개의 조건들이 복잡하게 얽혀 있을 것이다. 이렇게 복잡한 생각의 틀을 가지면 조건들이 서로 상충되기 때문에 그 답이 명료하게 나오지 않아 판단을 망설이게 되고 지체하게 된다.


## 생각의 틀을 보는 다양한 관점들

　이제 강의는 종반에 다다랐다. 나는 시계를 힐끗 쳐다보았다. 강의 종료 시간에 맞추어 강의를 끝내는 것도 아주 중요하다. 학생들은 다음 강의가 있어서 이동해야 하기도 하지만 조금만 강의가 길어지면 조바심을 내기 때문이다. 나는 강의를 마무리할 때 중요하다고 생각되는 것을 재차 강조함으로써 학생들에게 깊은 인상을 남기고 싶어 한다.

문득 이런 세세한 방식들은 물론 모든 강사가 제각각일 거라는 생각이 들었다. 이런 것들을 보면 강의란 일반논리를 가르치는 아주 객관적인 행위처럼 보이지만 실은 꼭 그렇지만은 않다. 가르치는 방법이나 형식 모두가 자의적인 해석에 의해서 이루어지는 지극히 주관적인 형식을 띠고 있는 것이다. 강의에 대한 강사의 해석이 자의적이라면 이를 받아들이는 학생의 입장도 자의적이다. 같은 강의를 들어도 학생들 나름대로 해석하여 받아들이는 것이다.

나는 이번 강의의 마무리로 생각의 틀을 설명하고 싶었다. 만약에 학생들이 생산관리에 대한 생각의 틀을 가질 수만 있다면 훨씬 쉽게 이해하고 기억할 수 있을 것 같았기 때문이다. 나는 평소에 늘 생각했던 대로 단순한 건축물과 복잡한 건축물의 구조를 비유하면서 생각의 틀을 설명했다.

그러자 한 복학생이 한참을 생각하더니 "그러니까 마치 총을 거치하는 것과 같은 논리네요"라고 말했다. 군대에서는 야전에서 총들을 세워놓을 때 먼저 총 세 자루를 서로 거치시킨다. 처음 거치시킬 때만 약간 어렵고, 일단 이렇게 해놓으면 마치 삼발이처럼 튼튼하게 기초가 만들어지는 것이다. 그리고 이런 식으로 틀을 잡아놓으면 그 이후부터의 총들은 그 위에 걸쳐놓기만 하면 된다. 그 학생은 총을 거치시켜놓은 모습을 상상하면서 생각의 틀을 이해했던 것이다.

앞에 앉아 있던 다른 여학생도 말을 꺼냈다. 그녀는 러시아 소설을

예로 들었다. 러시아 소설에는 나오는 사람도 너무 많고 이름도 너무 길어 책을 읽기가 힘들다는 것이다. 하지만 처음 50쪽을 넘기게 되면 등장인물들이 누구인지 대강 알게 되고 이름도 기억하고 나면서 그들의 관계까지 대충 파악이 된다고 한다. 즉, 50쪽 정도를 읽어야 러시아 소설에 대한 생각의 틀이 만들어진다고 보는 것이다. 그리고 그 이후부터는 이미 정립되어 있는 생각의 틀 위에 새로운 내용을 더하기만 하면 되니 쉽게 읽을 수 있다는 것이다.

## 생각의 틀은 진화한다

이제 강의는 거의 끝나간다. 강의 내용이 심화될수록 학생들의 태도는 확연히 구분된다. 앞에 앉은 학생들은 귀를 쫑긋 세우고 더욱 몰입한 모습을 보이지만 일부 학생들은 이미 지쳐서 포기해버리는 모습이 확연히 드러났다. 강의가 시작된 지도 이미 여러 주가 지났으니 열심히 들었다면 이제는 생산관리에 대한 자기 나름대로의 생각의 틀을 가지게 되었을 것이다.

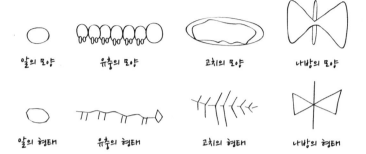

알의 모양    유충의 모양    고치의 모양    나방의 모양

알의 형태    유충의 형태    고치의 형태    나방의 형태

　무엇이든지 처음 알아가는 과정에서부터 생각의 틀은 만들어질 수 있을 것이다. 특히 처음에 만들어지는 생각의 틀은 일종의 깨달음같이 다가오기 때문에 그때는 그것으로 모든 것을 알 수 있을 것처럼 생각된다. 내가 처음에 바둑이나 당구를 배울 때도 그랬고 생산관리를 배울 때도 그랬다. 하지만 더 많은 것을 배우고 더 많은 생각 조각들을 기억하게 되면 처음에 만들었던 생각의 틀은 적합하지 않다는 것을 알게 된다. 양적인 팽창으로 인하여 기존의 틀은 더 이상 적합하지 않게 되는 것이다.

　나는 이렇듯 무엇을 알아가거나 성장하는 과정이 마치 나방이 자라는 것과도 유사하다고 생각한다. 나방은 원래 동그란 알의 형태를 갖고 있다. 알에게 깨어나면 기어 다닐 수 있는 길고 부드러운 유충의 형태로 변하고, 그 후에 다시 고치를 짓고 번데기 형태로 변했다가 마침내 날개가 달린 나방이 된다.

　나방이 성장하는 과정을 지켜보면 단순히 크기만 커지는 것이 아니다. 크기가 커지면서 동시에 각 부위의 역할도 달라지고 그것을 담아야 하는 형태도 완전히 변하게 된다. 생각의 틀도 이와 마찬가지다. 몇 개의 생각 조각들을 기억할 때는 생각의 틀이 단순하더라도 별 무리가 없겠지만 기억해야 할 생각 조각들이 많아지고 복잡해지면 단순한 생각의 틀로는 이들을 담을 수 없고 감당할 수도 없게 된다. 그래서 자연스럽게 기존의 생각의 틀은 파기되고 새로운 생각의 틀을 만들 필요성이 생기는 것이다.

나방의 경우처럼 새로운 생각의 틀을 만들었다고 해서 그것으로 모든 것이 완성되는 건 아니다. 또 다른 성장을 위해서는 또 다른 생각의 틀이 있어야 하기 때문이다. 그리고 이러한 순환은 성장이 멈추기까지는 지속적으로 필요하다.

나는 강의를 마치기 전에 학생들을 한 번 둘러보았다. 이들 중에서 만약에 생산관리에 대한 생각의 틀을 만든 학생들이 있다면 이들은 단지 생산관리에 대한 앎의 첫걸음을 뗀 것뿐이다. 더 많은 지식을 얻으면 지금의 틀은 깨질 것이고 그에 적합한 새로운 틀을 만들어야 할 것이다. 그 이후에 더 많은 것을 배우면 또다시 그 틀이 깨지고 다시 새로운 틀이 만들어져야 할 것이다.


## 생각의 틀이 서로 통하지 않는다면

강의를 마치고 정리하려는데 한 학생이 다가왔다. 나는 김재근이라는 이 학생을 잘 기억하고 있다. 강의 때마다 늦게 왔고 강의 내내 졸았으며 강의가 끝나면 항상 출석부를 고쳐달라고 왔다. 불성실한 이 학생에게 오늘은 따끔하게 한마디를 해주고 싶었다.

"오늘은 왜 늦었나?"

기대와는 다르게 학생은 별로 미안한 기색도 없이 대답했다.

"아르바이트를 늦게까지 하느라 늦었어요."

학생의 대답이 마음에 들지 않아서 나도 모르게 언성이 높아졌다.

"강의 듣는 것보다 아르바이트가 더 중요한가?"

그는 망설였다. 그럼 그렇지, 학생에게 공부보다 더 중요한 일이 무엇이 있겠는가. 잠깐 망설이더니 그는 침을 한 번 꿀꺽 삼키고는 대답했다.

"그래도 아르바이트를 안 하면 등록금을 못 내잖아요."

우리는 서로 시선을 마주한 채 침묵했다. 전혀 생각지도 못한 대답이었다. 경제적으로 어렵다는 학생은 많이 봤지만 이렇게까지 직접적으로 말하는 학생은 처음이었다. 가볍게 꾸지람이나 주려고 시작한 말이 진지하고 심각한 답변이 되어 되돌아온 것이다.

학생의 말에 뭔가 답변을 해야 했지만 나는 망설였고 생각할 시간이 필요했다. 그가 가지고 있는 강의나 공부에 대한 생각은 내가 이제까지 학생들과 나눴던 생각과는 완전히 달랐다. 나는 머쓱한 분위기를 피하기 위해서라도 학생이 원하는 대로 우선 결석을 출석으로 고쳐주어야 했다. 어색해진 분위기는 다행히 학생의 인사말로 퇴로를 찾았다.

"고맙습니다. 교수님. 다음부터는 안 늦으려고 노력할게요."

생각의 틀이 다른 사람과의 대화

나는 책과 강의노트를 챙겨 강의실을 나왔다. 다른 학생들은 벌써 모두 가버렸기 때문에 남겨진 우리 둘이 같이 걸어야 했다. 나는 어색함을 없애려고 말을 걸었다.

"하루에 몇 시간이나 일을 하니?"

"밤 11시부터 아침 7시까지요."

"그럼 잠은 언제 자?"

"아르바이트 끝내고 집에서 한두 시간 자고 나와요. 그래서 오전 강의는 공부하기가 힘들어요."

측은한 생각이 들었다.

"일하는 시간을 조금 줄이면 안 되나?"

"이렇게 일해야 겨우 학교 다닐 수 있어요."

나는 어렵게 학교에 다니는 이 학생을 위해 뭔가 위로의 말을 해야 할 것만 같았다.

"반값 등록금이라도 실현되었으면 좋겠네!"

그는 피식 웃으면서 말했다.

"그거야 정치인들이 선거철만 되면 표 얻으려고 그냥 하는 말인데요, 뭐!"

나는 어떠한 대답도 할 수 없었다. 지금 분위기는 마치 기성세대의 모든 잘못을 내가 대변하고 있는 것 같았다. 말을 나눌수록 나는 더 잘못한 사람이 되어 궁핍한 변명만 늘어놓게 될 것 같았다.

생각해보면 학생에 관한 내 생각의 방에는 궁핍이라는 단어가 없었다. 학생이라면 자신의 미래를 위해 전력을 다해서 노력할 준비가 되어 있는 존재로만 생각하고 있었던 것 같다. 학생에 대한 생각은 바로 그런 바탕에서 만들어진 것들뿐이다. 이렇게 학비를 벌기 위해 밤새 꼬박 일을 하고 오전 강의에 참석하는 학생들은 전혀 생각하지 않았던 것이다. 나는 그와는 공부에 대해 더 이상 어떠한 공통된 대화도 할 수 없음을 알게 되었다. 우리는 공부에 대해 서로 다른 생각을 하고 있었다.

침묵이 어색해 몇 마디 말을 더 나누어야 할 것 같았다. 나는 이번에는 공통된 생각이 될 수 있을 거라고 기대되는 취업 이야기를 꺼내 들었다.

"그럼 취업 준비는 어떻게 하니?"

학생은 쓴웃음을 지으면서 말했다.

"아직은 전혀 생각 못해요! 당장 다음 학기 등록금 문제를 먼저 해결해야 해요."

그러고는 혼잣말처럼 나지막하게 말했다.

"저한테 뭐 선택의 여지가 있나요."

나는 생각에 잠겨 그냥 묵묵히 걸었다. 그의 대학 생활을 가난이라는 커다란 돌이 억누르고 있는 것 같았다.

그에게 도움이 되는 말을 해주고 싶어 생각을 짜내어봤지만 적합한 말을 찾을 수 없었다. 학생에 대한 내 생각의 방에는 오직 '학생은 공부를 최우선시해야 한다는 생각'과 '공부를 효율적으로 해야 한다'는 생각으로 채워져 있었기 때문일 것이다. 만약에 그가 "어떻게 하면 생산관리 성적을 잘 받을 수 있을까요?"라고 물었다면 나는 분명히 도움이 되는 수많은 정보를 알려주었을 것이다. 하지만 그는 이런 데 관심을 가질 만큼 한가하지 않은 것 같았다. 그리고 나는 이 학생에 대해 아무런 역할도 할 수가 없다는 데 무력감을 느꼈다.

## 생각의 틀이 통하지 않으면 공감대를 형성할 수 없다

멀게만 느껴졌던 정문에 도달하자 그는 나에게 가볍게 인사를 하고는 제 갈 길을 갔다. 나는 안도의 숨을 쉬고는 점심을 같이 먹기로 한 친구들이 기다리고 있는 장소로 걸어갔다. 나는 나와 김재근 학생이 '학생'이라는 개념에 대해 전혀 다른 생각의 틀을 가지고 있다는 것을 새삼 알게 되었다.

사람들의 생각은 모두 제각각이지만 서로 이야기를 즐기고 친구가 되기도 하며 뜻이 통하는 상대를 만나기도 한다. 바로 생각의 틀이 비슷하기 때문일 것이다. 이와는 반대로 서로 생각의 틀이 전혀 다르다면 나와 김재근의 경우처럼 아무리 가까워지려고 노력하더라도 대화가 힘들어질 것이다.

내가 학생에 대해서 '공부가 최우선이 되어야 한다'는 고정적인 생각의 틀을 갖는 순간 그 외의 생각들은 이에 적합하지 않게 되어버렸다는 것을 알게 되었다. 생각의 틀이 고정되는 순간 내 생각에 적합한 것이 생기는 반면 적합하지 않은 것도 생긴 것이다. 그 결과 김재근은 그와 비슷한 생각의 틀을 가지고 있는 사람들과 공감대를 형성할 수 있을 것이고, 나는 나와 비슷한 생각의 틀을 가지고 있는 학생들하고만 공감대를 형성할 수 있을 것이다.

## 생각의 틀로 본 공감대

문득 나와 김재근만 다른 생각 속에 살고 있는 건 아니라는 생각이 들었다. 오늘 아침에 내 차 앞으로 끼어들기를 한 택시기사도 역시 나와는 다른 세상에 살고 있을 것이다. 그는 조금이라도 빨리 가는 걸 더욱 우선시하는 생각의 틀을 가지고 있을 것이다. 사람들은 하나하나의 쟁점마다 서로 통하는 생각의 틀을 가질 수도 있고 그렇지 않을 수도 있을 것이다. 그리고 그 각각의 생각의 틀이 유사성으로 인해 서로 통하기도 하고 통하지 않기도 할 거라는 생각이 들었다.

나는 이제야 내가 왜 그에게 아무런 할 말이 없었는지를 이해할 수 있게 되었다. 우리는 같은 세상에 살고 있는 것처럼 보이지만 서로 다른 생각 속에 살고 있었던 것이다. 친구들이 기다리고 있는 것이 보였다. 저들도 어떤 쟁점에 따라서는 나와 통하는 생각의 틀을 가지고 있는 경우도 있을 것이고 통하지 않는 생각의 틀을 가지고 있기도 할 것이다. 내가 만약에 저들의 생각의 틀을 알 수 있다면 어떤 쟁점에 대해 나와 잘 통할 것인가 그렇지 않을 것인가를 추측할 수 있을 것 같다.

∴ 7장

**내가 확신할수록 사람들과는 멀어진다**

## 내 친구는 어떤 사람들인가?

오늘은 친구들과 함께 점심을 먹는 날이다. 나는 강의를 마치고 곧장 친구들이 모여 있는 장소로 걸어갔다. 김과 이, 박, 그리고 최는 이미 차를 탄 채 나를 기다리고 있었다. 나는 차에 올라탔고 우리는 바로 출발했다. 우리는 직장에서 만나 10년 이상을 함께한 친구들이다. 매주 한두 번씩 같이 밥을 먹었고 수없이 많은 이야기를 나누었다. 나는 같이 보낸 시간이 많아질수록 상대에 대해 잘 알 수 있다고 생각하고 있었다. 나는 정말 친구들을 잘 알고 있는 것일까?

요즈음 나는 친구들을 만날 때마다 마음이 그리 편치 못했다. 그이유가 서로의 생각이 다르기 때문만은 아닌 것 같았다. 생각의 차이가 시간이 갈수록 더욱 벌어질 뿐만 아니라 고착화되어가는 느낌마저 들었기 때문이다. 나이가 들수록 친구의 필요성은 더욱 절실해지는데 현실은 그 반대로 가고 있다. 우리들 사이가 왜 이렇게 벌어지는 것일까? 나는 오늘에야 그 이유를 짐작할 수 있게 되었다. 친구들에 대한 생각의 방의 틀이 생겨버린 것이다. 그리고 그 생각의 틀은 갈수록 견고해져서 서로에게 타협의 여지를 주지 않게 된 것이다. 물론 친구들의 생각의 변화도 나와 크게 다르지 않을 것이다.

나는 친구들이 어떠한 생각의 틀을 가졌는지를 어느 정도 짐작할수 있을 것 같다. 원래 생각의 틀이 생기면 비슷한 생각이나 판단을 반복하게 되고 그 주장을 결코 굽히지 않기 때문에 조금만 주위를 기울이면 쉽게 알아챌 수 있다. 나는 친구들 하나하나를 떠올리면서 그들의 생각의 틀을 떠올려보았다. 그리고 이제는 그들이 어떤 상황에서 어떠한 반응을 할지까지도 예측할 수 있게 되었다.

우리들이 점심때 모여서 가장 먼저 결정해야 할 사항은 물론 무엇을 먹을 것인가다. 운전을 하는 최는 사거리의 신호등에서 차가 멈춘틈을 타서 묻는다.

"오늘은 어디로 갈까?"

나는 차창 밖을 쳐다보며 무심한 체했다. 사실 무엇을 먹을지에 대해서 말하고 싶지 않다. 별로 가리는 음식이 없기도 하지만 메뉴를 정할 때마다 벌어지는 사소한 논쟁에 끼고 싶지 않았기 때문이다. 다들아무 말이 없자 이가 먼저 의견을 제시했다.

"다른 의견이 없으면 지난번에 갔던 갈비탕집 어때?"

내 머릿속에는 앞으로 어떤 일이 벌어질지가 마치 데자뷰처럼 그려졌다. 항상 반대 의견을 제시하는 걸 좋아하는 김이 가만히 있을 리 없기 때문이다. 나의 예상은 빗나가지 않았고 김이 바로 다른 의견을 제시했다.

"지난번 친구들하고 갔던 매운탕집이 괜찮더라고. 날씨도 쌀쌀해지는 것 같은데 생선 매운탕 먹으러 가지?"

### 항상 다른 의견을 내는 사람

내가 알고 있는 김은 자신이 무엇을 주장하는지는 별로 중요하게 생각하지 않는다. 그가 중요하게 생각하는 건 이가 다른 의견을 제시한다는 점이다. 지금도 이가 갈비탕을 먹자고 했으니 매운탕집에 가자고 하는 것뿐이다. 만약에 이가 매운탕집에 가자고 했다면 그는 아마도 갈비탕이나 중국 음식을 먹자고 했을 것이다. 김은 쾌활하게 웃으면서 이런 날씨에는 매운탕을 먹어야 한다고 손짓까지 해가면서 큰 소리로 이야기했다. 다른 사람 말을 뒤집으면 그렇게 기분이 좋아지는 것일까? 사소한 것까지 반대를 일삼는 김의 태도가 나에게는 전혀 낯설지 않았다. 그는 항상 이런 식으로 우리를 대했기 때문이다.

오랫동안 김을 지켜보면서 그는 '타인과 다른 의견을 내는 게 바람직하다'는 자가논리를 가지고 있을 것으로 추측하게 되었다. 그리고 그 자가논리를 대인 관계에서 생각의 틀로 삼은 것 같았다. 그는 매사에 다른 의견을 제시했고 그 결과 우리는 만날 때마다 점심 메뉴를 가지고 다투게 되었다.

이때쯤 항상 나서기 좋아하는 최가 가만히 있을 리 없다고 나는 기대해보았다. 결국 최는 헛기침을 하면서 대화에 끼어들었다.

"흠흠, 이렇게 하면 어떨까?"

### 자기 의견이 반영되어야 하는 사람

논쟁에서 빠지고 싶었던 나는 차창 밖을 바라보면서 요즈음 들어 새로 짓는 집들이 있는지 살펴보았다. 우리 대학교 주변은 신시가지 도시 계획에 속해 있어서 새로운 시가지가 조성되고 있었다. 여기저기에서 건물을 새로 짓는 공사 현장을 볼 수 있었다. 건축에 관심이 많은 박도 밖을 보더니 새로 짓는 집에 대해 이야기한다.

"저 집의 창틀은 접이식이네요. 새로운 모양이지요?"

"그러게요. 모양도 예쁘고 실용성도 있을 것 같네요."

나도 의견을 제시하면서 머릿속으로 내가 지을 집에 대해 상상을 해보았다.

우리들이 대화에서 빠져 있는 사이에 의견은 대강 조정이 되었나 보다.

"어때? 중국집으로 가는 게?"

최가 우리의 의견을 물어왔다. 전혀 새로운 대안이었다. 결국 팽팽한 김과 이 사이에서 절충안이 만들어졌는가 보다. 박과 나는 잠시라도 다른 생각에 잠겨 있었다는 것을 들킬까봐 얼른 대답했다.

"찬성이야!"

나는 요즈음 들어 최에 대해서 아주 조금 알게 되었다. 그는 매사에 자기 의견이 반영되는 걸 무척 좋아했다. 그러자니 모든 일에 관여해야만 했고 자기 의견을 관철시키려고 온갖 노력을 다했다. 나의 관점에서 보면 그가 왜 궂은일(?)을 도맡아 하는지 이해가 되지 않았다. 오늘처럼 중국집으로 정해지는 데 그가 일조했다고 해서 더 훌륭한 사람이 되는 것도 아니고 그가 특별히 좋아하는 음식도 아니었으며 돈을 덜 내는 것도 아니다. 그는 단지 이 모임에서 자기 의견이 반영되었다는 데 만족감을 느끼는 것 같았다.

상대를 꼭 이겨야 하는 사람

차가 중국집 주차장에 가까워지자 이가 손가락으로 한 곳을 가리키면서 말했다.

"저쪽에 주차하는 게 좋을 것 같은데."

우리들은 이가 한번 자기주장을 펴기 시작하면 그것이 사소한 것일지라도 관철될 때까지 멈추지 않는다는 걸 잘 안다. 그러한 이의 성향을 잘 알고 있어서인지 최는 그가 말한 장소에 주차했다.

문득 이와의 논쟁이 떠올랐다. 나도 모르게 고개를 절로 흔들었고 다시 떠올리고 싶지 않은 악몽이 생각났다. 나는 평소 집짓기에 관심이 많았다. 그래서 전원주택에 관한 책들을 읽었고 워크숍도 다녔으며 잘 지었다는 주택들도 구경하러 다녔다. 그래서 얻은 결론 중 하나는 현재 우리나라의 아파트 천장이 너무 낮다는 것이다. 사람이 쾌적한 기분을 느끼려면 2.5미터는 되어야 하는데 대부분 아파트의 천장 높이는 고작 2.3미터 정도밖에 안 되기 때문이다. 내 의견을 이야기하자 이는 즉각 반박했다. 아파트란 주거인이 가장 쾌적하게 살기 위한 최적의 디자인인데 그럴 리가 없다는 것이다. 나는 그동안 알고 있었던 지식을 동원하여 내 의견을 설명하려고 노력했다. 본격적인 이의 반격은 며칠 후부터 시작되었다. 그는 나와의 논쟁에서 이기기 위해 인터넷이나 서적 또는 각종 자료집에서 자기주장을 뒷받침하는 자료들을 뽑아 정리해 내게 보여주면서 끊임없이 자기주장을 폈다. 사소하게 넘길 수 있는 이런 사안을 이기려고 이렇게까지 노력하는 그를 나는 절대 이길 수 없었다.

사실 우리 사이에 논쟁의 결과는 이미 시작하기 전부터 정해져 있었다. 나의 목표가 천장의 높이가 어느 정도 되어야 사람 사는 데 쾌적한 지에 대한 것이라면 그의 목표는 나를 이기는 것이기 때문이다. 그는 오직 나를 이기고 싶었기 때문에 내 주장의 단점만을 찾았고 반박거리를 만들었다.

"추구하는 사람은 이기려는 사람을 이길 수 없다"는 내 자가논리처럼 나는 언제나 그를 이길 수 없었다. 그는 나를 이길 때마다 의기양양했지만 나는 그와의 논쟁에서 어떤 의미도 찾을 수 없었다.

### 상대방과 서열을 정하는 사람

우리들은 차에서 내려 식당 안으로 들어갔고 중국집 특유의 붉은색 치장들이 식욕을 자극했다. 우리가 앉자마자 박은 큰 소리로 종업원을 불렀다.

"여기 주문 받아요!"

어느 식당에 가든지 박은 주문에서부터 반찬 떨어진 것까지 척척 알아서 해결한다. 그 덕에 우리는 편하게 밥을 먹을 수 있지만 식당 종업원들은 그의 부름에 수시로 답해야 한다. 그는 언제나 당당했고 명령조이며 그의 말을 들어야만 될 것 같은 분위기를 연출한다. 박이 이처럼 식당에서 큰소리칠 수 있는 건 자신이 종업원이나 식당주인보다 더 높은 사람이라고 믿기 때문이다. 나는 박의 생각의 틀은 상대와 서열을 정하여 행동하는 거라고 추측하고 있다. 그래서인지 그는 모든 사람을 자신보다 높은 사람과 낮은 사람으로 구분한다. 그가 정한 기준에 따라 서열이 정해지면 자신보다 높은 사람에게는 싹싹하게 굴지만 낮은 사람에게는 어김없이 큰소리치는 것이다.

나는 박이 어떻게 서열을 정하는지 궁금했다. 그리고 그를 오랫동안 살펴본 끝에 비교의 기준을 항상 자신에게 유리한 쪽으로 정한다는 걸 알게 되었다. 상대가 학력이 낮다면 학력으로 비교하고 상대가 나이가 적으면 연장자임을 내세웠다. 물론 그는 우리들 사이에서도 자신의 서열을 매긴 적이 있다. 그리고 우리 중에서 자신이 제일 높다고 생각하는 것 같다. 직장에 제일 먼저 들어왔으니 우리 중에서 자신이 제일 높다고 말하곤 했다.

나는 박이 자신에게 유리한 기준으로 상대와 서열을 매긴다면 그의 서열은 어느 정도 높다고 생각하는지 알고 싶어졌다. 그래서 한번은 진지한 척하면서 물어보았다.

"그럼 박은 우리나라 국민 전체 중에서 몇 퍼센트 안에 드는 것 같아?"

박은 서슴지 않고 대답했다.

"상위 1퍼센트 안에는 들지."

박은 왜 사람들의 서열을 매겨야만 하는 걸까? 그래서 모든 사람을 높은 사람으로부터 낮은 사람까지 일렬로 세워놓아야만 편하게 생각하는 것일까? 나는 문득 인류의 역사를 생각해본다면 박의 생각이 전혀 이상할 게 없다는 생각이 들었다. 우리 조상들은 길고 긴 세월 동안 타고난 계급이 있었으며 노예들이 있었고 상하가 엄격히 구분되어 있었다. 지금처럼 모든 사람이 평등해진 건 불과 백 년도 되지 않는다. 나는 박을 보면서 서열을 따지는 게 오히려 자연스러운 일 같고 아직도 우리들의 유전자에는 그와 같은 방식으로 살아온 세월이 고스란히 남아 있다는 걸 느꼈다.

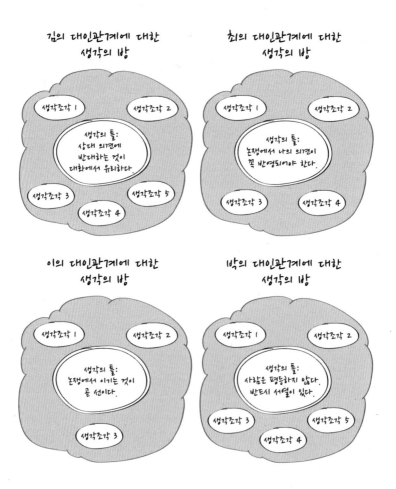

김의 대인관계에 대한
생각의 방

생각조각 1
생각조각 2
생각의 틀:
상대 의견에
반대하는 것이
대화에서 유리하다.
생각조각 3
생각조각 5
생각조각 4

최의 대인관계에 대한
생각의 방

생각조각 1
생각조각 2
생각의 틀:
논쟁에서 나의 의견이
꼭 반영되어야 한다.
생각조각 3
생각조각 4

이의 대인관계에 대한
생각의 방

생각조각 1
생각조각 2
생각의 틀:
논쟁에서 이기는 것이
곧 선이다.
생각조각 3

박의 대인관계에 대한
생각의 방

생각조각 1
생각조각 2
생각의 틀:
사람은 평등하지 않다.
반드시 서열이 있다.
생각조각 3
생각조각 5
생각조각 4

친구들에 대한 생각의 방

나는 친구들을 천천히 둘러보았다. 김은 반대 의견 내는 것을 좋아
하고, 최는 자신의 의견을 꼭 반영하려 하며, 이는 논쟁에서 이겨야 하
고, 박은 사람들을 서열화한다.

그들의 '친구들에 대한 생각의 방'에는 상대를 만났을 때 어떻게 말하고 어떻게 판단하며 어떻게 해야 하는지 등에 관한 생각 조각들이 축적되어 있을 것이다. 한결같은 패턴으로 말하고 행동하는 걸 보면 견고한 생각의 틀이 있는 게 틀림없다. 친구들을 만날 때 이들이 한결같은 반응을 보이는 건 각자 이러한 생각의 틀 안에서 생각한 결과일 것이다. 나는 이들뿐만 아니라 많은 사람들이 이러한 행태를 보인다는 걸 깨달았다.

문득 친구들에 대한 나의 생각의 방과 생각의 틀에 대해서 생각해보았다. 하지만 아무 생각도 나지 않았다. 역시 나는 나에 대해서는 아는 게 거의 없는 것 같다.


## 생각을 추측하는 방법

생각에 대해서 알아갈수록 궁금한 게 더욱 많아져만 갔다. 그 대상도 늘어나서 오늘 아침까지만 해도 나의 생각만을 알고 싶었는데 지금은 김이나 최와 같은 친구들의 생각도 궁금해졌다.

### 말과 행동으로부터 생각을 추측한다

내가 이런저런 생각에 빠져 있는 동안 박은 척척 주문도 하고 물수건도 빠짐없이 가져오라고 시켰다. 나는 박을 바라보면서 그에 대해 알고 있는 게 무엇이 있는지 생각해보았다. 우리들이 알고 지낸 지가 이미 10년을 넘었고 매주 두세 번씩 만나서 밥을 먹었으며 같이 운동을 하고 집안 사정까지 시시콜콜 이야기하는 처지인데도 그의 생각에 대해서는 아는 게 거의 없었다. 그렇다면 대체 나는 그의 무엇과 여태껏 사귀었을까?

나의 생각에는 아랑곳하지 않고 친구들은 온갖 이야기들을 꺼냈다. 그들의 이야기를 듣는 체하면서 나는 주방으로 통하는 반원형의 배식구를 무심코 쳐다보았다. 저 안은 어떻게 생겼을까? 내가 만약 낯선 곳에서 저런 구멍을 발견했다면 그 안에 무엇이 있는지를 알아낼 수 있을까? 내가 이런 생각을 하게 된 건 아마도 낯선 사람의 생각을 그의 외관만 보고 알아내려고 하는 것과도 같다는 생각이 들었기 때문이었을 것이다. 들여다볼 수 없는 다른 사람의 머릿속 생각이나 역시 보이지 않는 저 구멍 속의 풍경을 무슨 수로 알아낸단 말인가? 나는 내가 만든 문제 풀기에 골몰했다.

나는 어떠한 단서라도 잡고 싶어 한참을 구멍만 쳐다보았다. 갑자기 그 구멍 속에서 자장면 두 그릇이 나왔다. 그러자 종업원은 기다렸다는 듯이 재빠른 동작으로 그릇들을 쟁반에 담아 손님 테이블로 가져갔다. 아! 나는 이제 저 안에 무엇이 있는지를 조금은 추측할 수 있게 되었다. 저 구멍에서 자장면이 나왔다는 건 많은 걸 시사한다. 저 안에는 자장면을 만들 수 있는 식자재와 기구 그리고 사람이 있어야 할 것이다. 좀 더 상세하게 본다면 식자재로는 밀가루와 돼지고기, 춘장, 양파, 식용유 등이 있을 것이고 기구로는 커다란 솥과 불, 주방도구들이 있어야 할 것이며 자장면을 만들 줄 아는 요리사가 있어야 할 것이다.

나는 문득 사람의 생각도 이와 같지 않을까 생각해보았다. 저 구멍 속의 비밀은 자장면을 통해 알려지는 것처럼 사람의 생각은 말이나 행동을 통해 내뱉어질 것이다. 그렇다면 나는 자장면을 보고 주방의 내용과 모습을 추측했던 것처럼 타인의 말과 행동을 보고 그의 생각을 추측할 수 있을 거라는 생각이 들었다. 하긴 이런 생각이 새삼스러운 건 아닐지도 모른다. 생각해보니 나는 지금까지 이런 식으로 타인을 알아내고 판단했던 것 같다. 그래서 나에게 호의적인 말을 하는 사람을 나와 친해지고 싶다는 생각을 가졌을 거라고 보았으며, 내 말을 건성으로 듣는 사람은 나를 무시하는 생각을 가지고 있다고 판단했다.

이제 그 구멍에서 짬뽕과 자장면 그리고 탕수육도 한 접시 나왔다. 우리가 시킨 음식들이다. 나의 생각은 한 번 풀린 실타래처럼 술술 풀려갔다. 이제 저 구멍에서 짬뽕과 탕수육까지 나왔다는 걸 알았으니 저 구멍 안을 추측할 수 있는 자료가 아주 많아졌다. 이것들을 만든 다양한 재료가 저 안에 있을 것이고 탕수육 고기를 튀길 기름이 가득 담긴 튀김 솥도 필요했을 것이다. 이쯤 되면 현재의 위치를 몰랐더라도 나는 저 구멍 안에는 중국 식당의 주방이 있음을 짐작할 수 있게 되었다. 여기서 조금만 더 상상력을 발휘한다면 저 안에는 깐풍기, 난자완스, 부추잡채 등의 요리를 만들 수 있는 재료와 기구까지도 있을 거라고 추측할 수 있다.

나는 김과 최를 보았다. 이들이 했던 말이나 행동을 관찰한다면 그들의 생각을 알 수 있을 것이다. 이런 식으로 나의 아내의 생각도, 이와 박의 생각도 알 수 있을 것이다. 나는 생각에 대해 조금 더 알게 된 것 같아서 흐뭇했다.

## 아내의 관찰

나는 이제 어떤 사람의 말과 행동을 관찰한다면 그의 생각을 추측할 수 있다는 걸 알게 되었다. 이런 생각은 자연스럽게 아내를 떠오르게 했다. 우리는 결혼한 지 10년이 넘었고 그동안 아내의 말과 행동은 충분히 듣고 보았다고 할 수 있을 것이다. 특히 요즈음 들어서는 아내의 기분이 어떤지 아내가 무엇을 좋아하는지 또는 아내의 말에는 어떤 의미가 담겨 있는지 등을 살펴보았다. 그렇다면 지금쯤은 아내의 생각을 정말 많이 알아야 하는 게 아닌가.

오늘 아침에 나는 아내의 생각을 잘 알지 못한다는 걸 새삼 깨달았다. 우리는 그간 수없이 많은 대화를 주고받았는데 왜 아내의 생각을 알 수 없을까? 나는 가만히 창밖을 쳐다보면서 아내에 대해 알고 있는 것들을 떠올려보았다. 아내는 냉면, 소바, 고기류, 전 등을 좋아하고 아이들을 끔찍하게 사랑한다는 것 등 많은 것이 생각났다. 나는 많은 것을 보고 들었지만 그 의미가 무엇인지까지는 생각해보지 않았다. 감추어져 있는 생각은 그저 보고 듣는 것만으로는 그 모습을 드러내지 않던 것이다.

하지만 아내는 내 생각을 마치 내 머릿속에 들어앉은 것처럼 소상히 알고 있다. 내가 좋아하는 음식, 싫어하는 음식, 좋아하는 사람, 싫어하는 사람, 좋아하는 방송 등 아내는 나에 대해 나보다 더 잘 알고 있다. 나는 내 생각이 아내에게 들킬 때마다 가슴이 섬뜩해지곤 한다. 어느 날 새벽 등산을 가려고 했을 때의 일이 생각났다. 아내를 깨우지 않고 조용히 일어나서 이를 닦고 갈 것인가 아니면 그냥 갈 것인가를 생각하고 있었다. 그때 방 안에서 아내의 목소리가 들려왔다.

"이 닦고 가."

아내는 나의 기분도 정확히 알고 있다. 그래서 집 안에서는 물론이고 밖에서 조금이라도 언짢은 일이라도 있을라치면 금방 알아차린다. 굳이 아내에게 알리고 싶지 않을 때는 애써 감추려 해보았지만 그럴 때마다 아내는 용케도 그것마저 알아낸다. 이제 아내는 가끔씩 내가 무슨 생각을 하고 있으며 무엇을 하고 싶은지를 나보다 더 잘 알고 있을 때가 있다.

우리는 똑같이 대화하고 같은 세월을 살았는데 아내는 어떻게 나에 대해 이렇게 잘 아는 것일까? 그리고 나는 왜 아내의 생각을 모르는 것일까? 나의 머릿속에는 오직 한 가지의 대답만이 떠올랐다. 나는 아내의 말과 행동에 진실로 귀 기울이지 않았던 것이다.


### 약한 사람이 강한 사람을 관찰한다

문득 군대 시절 생각이 났다. 군대에서는 군기라는 명목으로 선임병은 자기 부하병사를 마음껏 괴롭힌다. 따라서 부하병사들은 선임병들의 괴롭힘에 대처하기 위해 항상 조심할 수밖에 없다. 강한 사람으로부터 자신을 보호하려면 우선 그에 대해 소상히 알아야 한다. 그래서 부하병사들은 누가 가르쳐주지 않아도 선임들의 말과 행동을 놓치지 않고 관찰하려 한다. 선임병의 기수와 고향, 좋아하는 음식, 싫어하는 것, 술버릇 등 다양한 것들을 파악하고 기억한다. 이처럼 약한 쪽의 사람은 강한 상대로부터 자신을 보호하기 위해서라도 상대를 알아야 할 필요성이 있는 것이다.

역으로 보면 강한 사람은 약한 사람의 생각을 알 필요가 없다. 전혀 위협이 되지 않기 때문이다. 선임병은 아쉬울 게 없고 조심할 필요가 없으니 부하병사의 말이나 행동을 관찰하지도 않고 기억하지도 않는다. 그래서 부하병사에 대해 아는 게 아주 적을 수밖에 없다.

항상 평등하다고 말해왔던 나와 아내와의 관계가 그렇지만은 않았을 거라는 생각이 들었다. 아내가 나를 잘 알아야 했던 이유는 자신이 약자라고 느꼈기 때문이었을 테고, 내가 아내를 잘 모르는 건 내가 강자라고 생각했기 때문이었을지 모른다. 나도 모르게 한숨이 나왔다. 나는 여태껏 아내를 존중하고 평등한 관계를 유지했다고 자부하고 있었다. 하지만 나의 생각과 현실 사이에는 엄청난 간극이 있었다. 나는 강하게 부인하고 싶었지만 그럴수록 나의 머릿속에는 더욱 강하게 아내에 대한 미안한 감정이 밀려왔다. 나는 아내에 대해 잘 모르고 있었던 것이다.


## 여러 모습의 나

### 보이고 싶은 나

우리들이 식사를 거의 마쳐갈 무렵 반대편에서 한 사람이 다가왔다. 얼굴이 많이 변하기는 했지만 고등학교 동창이라는 걸 나는 금방 알아보았다. 지난번 동창 모임에서 제법 큰돈을 선뜻 내놓기도 했고 구성지게 노래도 한 곡 뽑았기 때문이다. 그는 중소기업을 운영하고 있는데 제법 알차고 잘나간다고 알려져 있었다.

나는 당연히 나를 보러 오는 줄 알고 아는 체할 준비를 하는데 그가 정작 인사를 건넨 사람은 김이었다.

"어쩐 일로 여기에 식사를 하러 오셨어요?"

그는 허리를 최대한 꺾어 인사를 건넸고 김도 일어나서 가볍게 악수를 했다. 그는 우리들한테도 정중하게 인사를 하고는 자기 자리로 돌아갔다.

나는 김에게 물었다.

"어떻게 알아?"

"아! K회사의 유 사장! 사교성이 무척 좋은가봐. 심사위원들을 모두 알더라고!"

김은 중소기업청의 기술평가자문위원회에 속해 있어서 수시로 전자회사들의 기술 수준을 평가하는 일을 한다. 그래서인지 김이 평가하는 회사 사람들은 그에게 잘 보이려는 태도가 역력했다. 나는 방금 인사를 하고 간 유 사장이 내 동창이라는 말을 차마 꺼낼 수 없었다. 고등학교 동창도 알아보지 못하는 나의 미미한 존재감이 창피해서였는지 아니면 김에게 절절매는 그의 태도가 맘에 안 들었기 때문인지는 알 수 없다.

나는 묵묵히 자장면을 먹고 있었지만 온통 유 사장 생각이 나를 사로잡았다. 동창회에서 보여주었던 그의 호기롭고 자신만만한 태도는 사라지고 오직 김에게 잘 보이려고 비굴하기까지 했던 그의 모습에서 나는 적잖은 실망을 금할 수 없었다. 그는 왜 동창회에서는 자신만만한 모습을 보이고 김 앞에서는 고분고분한 모습으로 변했을까? 문득 사람에게는 상대에 따라서 보이고 싶은 모습이 따로 있을 거라는 생각이 들었다. 물론 그 모습은 그 사람의 생각의 표현일 것이다. 그렇다면 유 사장의 생각은 동창들에게는 성공한 모습의 자신을 보이고 싶었으며 사업상 만나는 김에게는 최대한 공손한 모습을 보여줄 필요가 있었을 것이다.

상대에 따라서 보이고 싶은 자신을 만드는 건 유 사장에게만 국한된 건 아닐 것이다. 나도 역시 상대에 따라서 다른 모습의 나를 보이고 싶어 한다. 지나를 대할 때는 오직 따뜻하고 자상한 아빠만을 보이고 싶어 하고, 친구들과 있을 때는 상식과 예의를 갖춘 괜찮은 사람으로 나를 보이고 싶기 때문이다. 이런 걸 보면 보이고 싶은 나는 상대에 따라 내 생각 중에서 일부만을 특별히 선별해 구성하는 것 같다.

### 내가 생각하는 나

친구들은 식당에서 주는 커피를 마시면서 잡다한 이야기를 늘어놓았지만 내 머릿속에서는 아직도 유 사장의 이중적인 모습이 떠나질 않았다. 유 사장 본인이 생각하는 자신의 원래 모습은 어떤 것일까? 하긴 그 어떤 것도 자신이 생각하는 원래 자신의 모습은 아닐 것이다. 동창회에서도, 사업상 만나는 사람에게도, 자신의 모든 걸 보여줄 필요는 없기 때문이다.

나도 마찬가지여서 나의 모든 면을 특정 상대에게 다 보여주려 하지는 않는다. 이렇게 친구들하고 앉아서 그저 무난한 척 이야기는 하고 있지만 속으로는 전혀 다른 생각을 하고 있지 않은가. 그렇다면 어떤 경우에 내 생각을 모두 솔직하게 털어놓을까? 오직 진실만을 이야기해야 하는 강의 시간을 떠올려보았다. 강의할 때는 내 생각을 모두 있는 그대로 이야기하고 있을까? 그렇지 않은 것 같다. 물론 거짓을 이야기하지는 않았지만 나는 일반논리만을 이야기했고 그것은 나의 일부분일 뿐이다. 그렇다면 가족에게 보이는 게 나의 진짜 모습일까? 선뜻 대답하기 어려웠다. 생각해보면 내가 가장 거짓말을 많이 하는 상대는 가족이었다. 힘든 일이 있어도 힘들지 않다고 말할 때가 많기 때문이다. 문득 타인에게 보이는 내 모습에서는 내가 생각하는 본모습을 찾을 수 없을 거라는 생각이 들었다. 타인과의 만남에서는 항상 나의 생각의 일부만을 보여주거나 거짓을 섞어서 이야기하기 때문이다.

남에게 보이는 내 모습이 내 생각의 일부라면 어떻게 해야 내 생각의 전체를 알 수 있을까? 잠시 멍하니 커피를 쳐다보면서 내가 어떤 생각을 가지고 있는지 생각해보았다. 한참 생각해보았지만 역시 손에 잡히는 건 없었다. 여태껏 그랬듯이 알 것 같으면서도 알 수 없는 것, 그것이 현재 내가 알고 있는 내 생각이었다.

사실 나는 최근에 들어서야 내가 어떻게 생각하고 있는지 생각을 하기 시작했다. 타인이 어떻게 생각하는지에 대해서는 궁금해하면서 정작 나에 대해서는 관심을 갖지 않았다. 나는 식은 커피를 한 모금 마시면서 다짐을 해보았다.

'그래! 지금부터라도 알아가면 되지 않겠는가?'

내 생각을 알아가는 일은 이곳저곳에 흩어져 있을 나에 대한 생각 조각들을 모으는 것으로 시작해야 할 것이다. 그리고 생각 조각들이 모이는 과정에서 자연스럽게 '나'라는 사람에 대한 생각의 방'이 만들어질 것이다. 그 생각의 방에 중심축도 생길 것이고, 생각의 틀도 만들어질 것이다. 이러한 과정을 통해 내 자신의 생각을 알아가는 상상에 빠져들었다.

## 상대가 보는 나

사회생활을 하는 사람들은 때론 상대방이 나를 어떻게 생각하는지
가 그 어떤 것보다 더 중요할 수 있다. 유 사장도 김이 자신을 어떻게
생각하는지를 아주 중요하게 생각하는 것 같았다. 그렇다면 정작 김은
유 사장을 어떻게 생각하고 있을까? 나는 김의 생각을 알고 싶어서 물
어보았다.

"유 사장을 어떻게 생각해?"

"센스가 있는 것 같아."

김은 두루뭉술하게 대답했다.

나는 좀 더 자세한 것을 알고 싶어 재차 물었다.

"그리고 또? 그 회사 기술적인 평가는 어때?"

"왜 관심을 갖는데?"

김은 의아한 듯이 물어보면서도 대답했다.

"신기술이 나오면 금방 금방 따라 하는 것 같더라고. 하긴 여러 사
람들을 만나고 다니니 듣는 게 많겠지."

그의 대답에서는 끝내 유 사장이 건실한 사업가라든지 유망하다든
지 등의 말은 나오지 않았다. 나는 더 이상 묻고 싶지 않았다. 나는 단
지 유 사장이 보이고 싶은 모습과 김이 생각하는 모습이 어떻게 다른지
만 알고 싶었을 뿐이다.

상대에게 보이고 싶은 내 모습 그대로를 상대가 보아주는 경우는
흔치 않은 것 같다. 지금 유 사장의 경우에도 그는 김에게 기술 능력이

있는 유능한 사업가로 보이고 싶었겠지만, 김은 유 사장을 사람들이나 만나고 다니는 로비스트형 기업가로 보고 있는 것이다. 나는 상대방에게 성실하고 믿을 만한 사람으로 보이고 싶지만 내가 보이고 싶은 대로 보아주는 사람은 극히 드물다. 상대가 제대로 보지 못하고 있는 것인지 아니면 상대방이 옳은 것인지는 확신할 수 없지만, 어쨌든 나는 타인이 나를 어떻게 보고 있는지에 대해서 궁금해할 수밖에 없을 것 같다. 그 이유는 그 모습이 바로 내가 그 사람에게 평가받는 모습이면서 사람들 속에서의 내 존재이기 때문이다.

## 실체의 나

나는 한 사람인데 다양한 모습의 내가 있다는 게 다중적으로 느껴져 마음이 영 편치 않았다. 문득 나의 이러한 모습이 계절에 따라 여러 가지 모습을 가지고 있는 단풍나무와 비슷하다고 느껴졌다. 내가 단풍나무라면 상대에게 보이고 싶은 나의 모습은 가을철의 화려한 모습일 것이다. 가을철에는 누구에게라도 뽐낼 수 있는 아름다운 색상을 가지고 있기 때문이다.

내가 단풍나무라고 하더라도 상대가 보는 나의 모습은 상대에 따라서 전혀 다르게 보일 수 있을 것이다. 어떤 사람은 나를 박달나무나 편백나무 심지어는 소나무로 볼 수도 있을 것이고, 내가 봐주기를 바라는 가을철의 단풍나무가 아닌 잎이 다 떨어져버린 겨울철 모습으로 볼 수도 있을 것이다.

내가 단풍나무라면 내가 생각하는 나는 어떤 모습일까? 사람은 자신이 기억하고 싶은 걸 선택해 기억하면서도 그렇게 기억한 걸 진정한 자기 모습이라고 믿는다. 그래서 단풍나무는 자신이 기억하는 따뜻한 봄철과 여름철의 무성함 그리고 가을철의 화려함 등을 자신의 모습이라고 생각할 것이다.

유감스럽게도 나를 표현하는 이 세 가지 모습 중 그 어떤 것도 나의 진정한 모습인 실체라고 보기는 어렵다. 보이고 싶은 나의 모습은 나의 일부만을 선별해 만들어진 것이며 상대가 보는 나의 모습은 상대에 따라 얼마든지 왜곡될 수 있고, 내가 생각하는 나는 내 전체의 모습을 알지 못하기 때문이다. 실체의 나는 이러한 모든 모습과 숨겨진 모습까지를 합한 것이어야 하기 때문이다. 봄철의 파릇한 새싹과 여름철 잎이 무성할 때의 모습, 가을철의 화려한 모습과 겨울철 휴식기의 모습까지를 모두 합한 게 바로 단풍나무의 실체일 것이다. 문득 내 모든 모습을 합한 게 내 실체라면 이를 스스로 파악하기는 어려울 것 같다는 생각이 들었다. 그 안에는 상대가 나를 바라보는 모습도 들어 있으며 내가 자각하지 못하는 모습도 들어 있기 때문이다.


## 확신의 방법

이제 커피도 다 마셨고 일어나려 하는데 유 사장이 카운터에서 계산하는 모습이 보였다. 그러고는 이내 우리 자리로 다가오더니 우리들에게 다시 한 번 인사를 건넸다. 김은 황급히 화답을 했고 유 사장은 밖으로 나갔다.

나는 혹시 유 사장이 우리들의 점심값을 낸 게 아닐까 궁금해졌다.

점심값을 내주는 일은 사업하는 사람들이 흔히 하는 일이다. 사업상 잘 보여야 하는 사람과 식당에서 우연히 만나면 자기 밥값에 포함시켜 같이 내주는 것이다. 그런 생각이 들기는 했지만 오늘은 마침 내가 밥값을 내야 할 차례인지라 다른 친구들 눈치만 보고 있었다. 그런데 다행이도 박이 먼저 말을 꺼냈다.

"혹시 유 사장이 우리 밥값 낸 거 아냐?"

나는 반사적으로 유 사장을 잘 안다는 김을 쳐다봤다.

"그럴 리가 있나. 그 사람이 왜 우리 밥값을 내?"

김은 박의 말을 부정한다. 이도 김을 거든다.

"하긴 요즘 세상이 예전하고는 많이 달라졌지."

김은 다시 이의 말을 부정한다.

"요즈음에도 사업하는 사람들이 밥을 많이 사기는 하지."

그럼 대체 김의 생각은 뭐란 말인가?

유 사장이 밥값을 냈을 거란 말인가 아니면 내지 않았을 거란 말인가? 자존심 강한 박과 이의 얼굴에는 기분이 상한 기색이 역력했다. 최는 어떻게든 어색해진 분위기를 바꿔보려고 말을 꺼낸다.

"자, 이제 나갑시다. 카운터에 가서 확인해보면 되지 않겠어?"

이때 박이 새로운 제안을 했다.

"우리 내기하는 게 어때? 유 사장이 밥값을 냈는지 안 냈는지를 알아맞혀 보기로?"

나도 궁금한 터라 얼른 말을 받았다.

"무엇을 거는데?"

"다음 모임에서 밥값을 내는 거지."

"좋아!"

이와 최가 대답을 했고 김은 웃으면서 고개를 끄덕였다. 내기를 제안한 박이 먼저 자기 의견을 꺼냈다.

"나는 '냈다'에 걸게."

그는 확신한다는 듯이 말했다. 이미 자기 의사를 밝혔던 이는 안 낸 것으로 다시 한 번 자기 의사를 확인했다. 최는 약간 생각하는 것 같더니 김한테 물어보았다.

"이번 심사는 끝났다고 했었고 그럼 유 사장 회사의 다음 심사는 언제야?"

"응, 2년에 한 번씩 심사하니 아직 멀었지."

최는 그 말이 끝나자마자 생각을 정한 듯이 바로 대답했다.

"나는 안 낸 것으로 할게."

이제 김과 나만 남았다. 김은 나를 쳐다보면서 말했다.

"먼저 말해! 나는 답을 알고 있거든!"

그는 정말 답을 확신하고 있는 것처럼 말했다.

친구들은 나의 대답을 기다리고 있었고 나는 망설였다. 친구들은 자신의 결정에 확신하는 것 같았지만 나는 사소한 일에도 쉽게 확신하지 못한다. 내 생각은 항상 불분명하고 불안정하기 때문이다. 하지만 나는 기다리는 친구들에게 대답해야만 했기 때문에 자신 없는 어투로 말할 수밖에 없었다.

"나는 '냈다'로 할게."

기억에 의존하는 확신

이제 마지막으로 김이 대답할 차례다. 김은 망설이지 않고 말했다.

"물론 냈겠지."

나는 즉시 물어봤다.

"어떻게 확신할 수 있어? 너무 자신 있어 보이는데?"

김은 회심의 미소를 지으며 말했다.

"유 사장이 저번에 위원회에서 만났을 때 식사 한번 하자고 그랬거든."

그는 웃으면서 자신만 알고 있던 정보를 이제야 털어놓았다. 나 같으면 경황 중에 잊어버릴 수도 있었을 텐데 김은 용케도 잘 기억하고 있었다. 하긴 그는 항상 자신의 기억력에 확신을 갖고 있다. 그래서인지 모든 문제를 판단하는 데 자신의 기억을 근거로 삼는다. 그는 자신의 기억을 믿었고 기억에 근거해 확신했다.

김은 자기 의견도 뚜렷하고 논쟁에서도 매번 유리하게 이끌지만 나는 그의 '기억에 의한 확신'에 동의하고 싶지 않다. 그의 사실에 입각한 기억이란 겉만 있을 뿐 깊이는 부족하기 때문이다. 이를테면 '친구와의 약속을 미뤘다'라든지 '이는 밥값을 안 낸 것으로 대답했다' 등이 사실인데 이런 사실들은 그 속에 감추어져 있는 의미나 원인 등은 간과될 수밖에 없다. 이번 경우에도 유 사장이 '같이 식사 한번 하자'는 말 자체만으로는 그냥 인사말로 한 것인지 아니면 진짜로 한번 같이 식사하자는 말인지 알 수가 없다. 이보다는 유 사장의 속뜻이 더 중요하겠지만 김은 단순히 유 사장의 말만 기억할 뿐이다.

그렇다면 김이 유 사장의 속뜻까지 알아서 기억하면 어떨까? 이것은 김의 사실에 입각한 기억에 의한 확신과 어긋나게 된다. 속뜻이란 사실적 기억이 아니기 때문이다. 결국 김이 기억할 수 있는 것은 겉으로 드러난 데 한정되어야만 하며, 그 대상의 의도 및 내용을 포함하고 있지 않으니, 나는 판단의 근거로 삼기에는 부족하다고 생각했다.

기억에 의존하는 확신에 동의하지 않는 또 다른 이유는 기억이란 항상 과거이기 때문이다. 김이 근거로 삼는 유 사장의 말도 지금 시점에서는 과거일 뿐이다. 유 사장에게 그동안에 수없이 많은 일이 일어났을 것이고 지금 그가 어떻게 변했는지를 누구도 짐작할 수 없다. 과거에 의존한 현재 상황 판단이란 역시 너무 불안정하다.

하지만 정말로 걱정되는 건 사람의 기억이란 그 자체가 편협할 수밖에 없다는 점이다. 만약 내 앞에 스무 가지 물건을 보여주고 난 후에 기억을 떠올리라고 하면 나는 이들 중에서 일부만 기억할 수 있을 것이다. 그 일부 기억되는 것들에는 어떤 식으로건 내 주관이 관여되어 있을 것이다. 예를 들어 내가 보고 싶은 것이라든지 내가 보았던 것들 혹은 특별히 내 기억에 남아 있을 이유가 있는 것들일 것이다. 따라서 기억하는 것 그 자체에 내 주관이 포함되어 있기 때문에 이미 형평성을 잃었다고 보는 것이다. 자신이 보고 싶은 것만 보였고 기억까지 했다면 똑같은 이유로 자신이 보기 싫은 건 보이지 않았을 테고 기억하지도 못했을 것이다. 만약에 유 사장이 만나는 사람마다 "식사 한번 같이 하자"고 했더라도 김은 보지 못했을 것이고 기억하지도 못했을 것이다.

## 자가논리에 근거를 둔 확신

우리는 카운터에 가서 확인을 해보았다. 역시 김의 말대로 유 사장은 밥값을 지불했다. 최가 고개를 갸우뚱거리면서 말을 꺼냈다.

"내가 비록 지기는 했지만 유 사장이 이해가 안 돼."

최는 투덜거리면서 말을 이었다.

"요즘 사업하는 사람들은 그렇게 멀리 투자 안 하는 걸로 아는데…… 심사가 거의 2년이나 남았는데 뭐하려고 지금부터 밥을 사?"

나도 모르게 질문을 했다.

"그래도 지금 하면 그때 심사할 때 영향을 주지 않겠어?"

"순진하기는. 이런 일들이 오랫동안 기억에 남을 것 같아? 나의 경험으로는 아주 큰 게 아니고는 6개월이 지나면 기억이 희미해지더라고. 그러니 6개월 전에 해도 절대 늦지 않는다고 생각해. 그래서 '안 샀다'에 걸었지."

최는 '부탁할 일이 있을 경우에 그 일이 있기 6개월 전쯤부터 호감을 사는 게 효과가 있다'는 자가논리를 가지고 있는 듯했다. 그리고 그의 이번 판단은 그러한 자가논리에 근거를 두고 있었던 것이다. 나는 고개를 끄덕거렸다. 비록 그의 추측이 어긋나기는 했지만 확신하는 그만의 이유가 있었던 것이다.

### 일반논리에 근거를 둔 확신

이제 나의 관심은 박에게 쏠렸다. 그는 처음부터 밥값을 지불했다고 주장한 사람이다.

"박은 왜 샀다는 쪽에 걸었어?"

박은 조금 생각을 정리하는 것처럼 뜸을 들이더니 대답했다.

"레빈스키라는 사람이 주장한 뇌물 이론에서는 사업가가 취할 수 있는 미래의 이득과 뇌물의 제공 여부에 대해 설명하고 있거든."

박은 역시 아는 게 많다. 밥값 내기를 가지고도 일반적인 논리를 끄집어낼 수 있으니 말이다. 박의 말은 계속됐다.

"그의 이론에 의하면, 자신의 사업이 상대방의 주관에 의해서 결정될 가능성이 크다고 판단될수록 뇌물을 줄 가능성이 크다는 거야."

나도 모르게 박의 말을 받았다.

"그렇다면 유 사장은 그 평가라는 게 주관에 의해 좌우된다고 본 것이네?"

별 뜻 없이 내가 한 말이 김을 난처한 상황에 빠뜨렸다. 만약에 평가가 주관에 의해 좌우되었다면 김이 하는 심사는 바람직스럽지 못한 꼴이 되고 말기 때문이다. 김은 애매모호하게 말했다.

"나는 객관적으로 평가한다고 하지만 다른 사람들은 그렇게 생각하지 않는 것 같아서……."

대체 주관적이란 말인가 아니면 객관적이란 말인가?

"하여튼 그래서 '샀다'로 결정했다 이거지?"

최는 박의 말을 마무리지었다.

박과의 대화는 항상 무엇인가 배울 수 있어서 좋다. 오늘도 나를 실망시키지 않고 레빈스키의 뇌물 이론을 들려주었다. 하지만 다른 사람들의 평가는 나와 다른 것 같다. 박의 일반논리에 의존하는 판단은 마치 자기 주관이 없는 사람처럼 보이는가보다. 그래서인지 김은 항상 박이 우유부단하다고 비난하곤 했다. 하긴 같은 모악산을 보더라도 보는 사람에 따라 다른 모습으로 보이는데 사람이야 오죽 하겠는가! 나는 웃으면서 박에게 한마디 건넸다.

"내게 보이는 자네 모습도 자네의 일부겠지?"

박은 느닷없이 웬 소리냐는 듯이 묻는다.

"그게 무슨 말이야? 자네에게 보이는 모습이라니?"

이 자리에서 그 설명을 하기에는 적합하지 않은 것 같아 나는 대답을 미루었다.

"응, 나중에 설명할게."

### 대세에 휩쓸려서 내리는 확신

확신에 대한 궁금증이 일어 김과 박 그리고 최가 어떻게 확신을 하게 되었는지를 직접 들어보았지만 이한테까지 묻지는 않기로 했다. 이가 어떻게 확신하는지 익히 알고 있기 때문이다. 그는 많은 사람들이 선택한 데는 그럴 만한 이유가 있을 거라고 본다. 그래서 그는 다수의 의견이 쏠리는 쪽에 자신의 판단을 맡긴다. 이를테면 손님이 많이 몰리는 음식점은 맛이 있을 것으로 판단하고, 베스트셀러 책이라면 읽을 만하다고 생각하며, 여러 사람에게 인기가 있는 사람은 사귈 만하다고 생각하는 것이다. 오늘도 최가 밥값을 안 냈을 거라고 대답하고 김이 동조하자 그 쪽이 대세라고 보았던 것이다.

### 본성에 기반을 둔 확신

좀처럼 확신하지 못하는 나는 사실 어떤 선택을 할 때마다 늘 자신감이 없다. 나는 김처럼 뚜렷한 기억력도 없고, 최처럼 확신에 대한 자가논리도 없으며, 박처럼 일반논리로 풀어가지도 못하고, 이처럼 대세에 따르는 데 동의하지도 않는다. 나는 다만 내 마음속에서 '이것이다!'

라는 생각이 드는 것으로 결정하곤 했다. 아내를 처음 만났을 때도 '바로 이 여자다'라는 생각이 들었고 지금 짓고 있는 시골의 집터를 정할 때도 '바로 여기에서 살고 싶다'라는 생각이 들었다. 어떤 순간에 내 머릿속으로 스쳐지나가는 확신, '바로 이것이다'의 뒤에는 특별한 기억이나 자가논리 등은 없었다. 다른 곳에서 찾아볼 만한 어떠한 근거도 없기 때문에 나는 '바로 이것이다'가 나의 본성에 의해서 주도한 생각이라고 추측한다.

　나의 이러한 확신은 여러 가지 약점을 가지고 있다. 우선은 확신의 이유를 알 수 없다는 것이다. 나는 아내를 처음 만났을 때 아무 생각도 나지 않고 그냥 결혼하고 싶었다. 그 전까지는 여자를 만나면 내가 찾는 이상형에 얼마나 적합한지 등의 잡다한 질문들을 늘어놓곤 했다. 하지만 아내를 처음 본 순간 이런 질문들은 순식간에 사라져버렸고 오직 아내의 얼굴만이 내 머릿속을 가득 채웠다. 내가 왜 그랬는지 그때도 알지 못했고 지금도 알지 못한다. 물론 타인에게 논리적인 설명을 한다는 건 더욱 불가능하다. 나는 결혼 후에 아내의 어떤 점이 좋아서 결혼했느냐는 질문을 수없이 받았지만 속 시원히 대답해본 적은 한 번도 없었던 것 같다.

　하지만 진짜 큰 약점은 본성에 의한 확신은 모든 상황에서 '바로 이것이다'라는 메시지를 주지 않는다는 점이다. 내 가슴에 애매모호하게 와 닿을 경우가 더 많으며 그럴 때마다 나의 확신도 애매모호할 수밖에 없다. 오늘 있었던 일만 해도 그렇다. 나는 그와 눈을 마주친 순간 그도 내가 동창인 줄 알아챘다는 것을 느꼈다. 그는 당황했던 것 같다. 처음에 동창을 알아보지 못한 미안함 때문이었는지 아니면 김 앞에서

나를 안다고 하기에는 이미 늦어버렸고 그렇다고 모른 체하기도 엉거
주춤해서인지는 알 수 없다. 그가 작별 인사를 할 때 나는 그의 눈빛에
서 그가 동창회에서 보여줬던 호기스러움을 다시 보았다. 그는 마치
'나는 잘나가는 동창이야'라고 하는 것 같았다. 하지만 그때의 상황은
너무 애매모호하고 복잡했다. 밥값에 대한 힌트를 찾아야 하는 나에게
느껴진 것은 그냥 애매모호함뿐이었다. 그래서 나는 그냥 주사위를 던
지듯이 아무런 답이나 할 수밖에 없었다.

## 내가 확신할수록 사람들과는 멀어진다

　우리들은 차를 타고 학교로 돌아왔다. 돌아오는 길에서는 친구들
도 피곤했는지 잠잠해졌고 덕분에 나는 사색에 잠길 수 있었다. 친구들
이 갖는 확신은 경이로운 경험이었다. 항상 불확실성 속에서 살아가는
나와는 달리 친구들은 자신의 선택에 대한 확고한 믿음이 있었다. 김의
경우에는 자신의 기억을 확실히 믿었고, 박은 일반논리에서 얻은 지식
에 따랐다. 그들이 이런 방법으로 확신을 갖기까지는 수없이 많은 반복
을 거쳤을 것이고 마침내 그들이 굳게 믿는 자가논리가 되었을 것이다.
같은 상황에서 내가 확신을 못 갖는 건 확신에 대한 자가논리가 없기
때문이라는 생각이 들었다.

　차창 밖을 쳐다보면서 생각에 잠겨 있던 나는 문득 피식하고 웃음
이 났다. 이들하고 나는 정말 공통점이 하나도 없는 것 같았다. 그러면
서도 우리는 아직도 친구로 남아 있고 자주 만나기까지 한다. 우리들은

어떻게 친구가 되었을까? 생각해보면 우리들이 처음 만났을 때는 하루 종일 이야기를 해도 재미있었고 서로 간에 차이도 느끼지 못했던 것 같다. 이렇게 사이가 벌어진 건 나이가 들면서부터였다. 세월이 갈수록 서로의 성향이 점차 도드라졌고 각자 자기주장에 대해 확신이 깊어졌다. 자기 확신이 옳다고 생각되면 친구 간의 대화에서도 자기주장만을 되풀이하면서 상대의 말에는 귀 기울이지 않게 되었다. 결국 자신의 생각을 확신할수록 우리 사이의 간격은 더욱 커졌다.

나이를 먹고 생각을 많이 할수록, 그리고 성공한 사람일수록 자가 논리에 대한 믿음이 깊어진다. 생각을 견고하게 만들어주는 자가논리들이 늘어나고 이것들을 근거로 만들어진 결론에 확신을 갖게 되는 것이다. 물론 나도 예외는 아니다. 나의 자가논리들은 해가 거듭될수록 늘어만 갔다. '사람을 만날 때는 특별히 마음에서 꺼려지는 것이 없으면 일단 믿으며 그가 나를 배신할 때까지는 의심하지 않는다'라든가 '다른 사람이 잘할 때 같이 잘하는 게 중요하며 이럴 때 상대를 소홀히 대하면 귀중한 사람을 잃을 수 있다' 등 다양한 자가논리들이 생겨났다. 그리고 나이 들어 만들어진 자가논리들은 대부분 판단과 확신까지 관여하고 있다. 이러한 자가논리들은 타인을 대할 때 어떻게 대해야 하는지를 미리 정해주어 다른 생각은 아예 할 수 없게 만들어버리는 것 같다.

친구들의 생각도 나와 크게 다르지 않을 것이다. 그들의 자가논리도 지금껏 축적되었을 것이며 그 자가논리들을 바탕으로 성립된 확신은 이제 다이아몬드처럼 단단해졌을 것이다. 이렇게 보면 사람들의 생각이란 어릴 때는 서로 비슷했다가 시간이 갈수록 멀어져가는 물의 파장 같을지도 모른다. 그래서 나와 친구들의 생각이 지금처럼 멀어져버린 건 아닐까 생각했다.

나의 자가논리들은 친구들의 것과 전혀 다를 것이다. 이것이 바로 나와 친구들 사이의 장벽이다. 나는 잠시 생각에 잠겼다. 그러고는 이들과의 관계를 지속하기 위해서는 상대의 견고해진 자가논리들을 그대로 받아들일 수밖에 없음을 깨달았다. 우리들의 자가논리들은 이제 너무나 견고해져서 그 누구도 절대 바꾸려 하지 않을 것이기 때문이다.

# ∴ 8장

# 생각에 관한 질문들

## 왜 내 생각을 알아야 하는가?

식사를 마치고 박은 내 연구실로 따라 들어왔다. 우리는 바로 옆 방을 쓰는데다가 점심 후에는 잠시 대화를 나누는 게 습관처럼 되어버렸다. 박의 장점이라면 책을 많이 읽고 다양한 주제에 박식해 어떠한 주제를 이야기하더라도 일반논리로 설명할 줄 안다는 것이다. 그래서 나는 새로운 생각을 하거나 고민이 있을 때면 그에게 털어놓았고 그럴 때마다 그는 원하는 답을 들려주었다.

나는 오늘 생각에 대해 알아낸 것을 이야기하고 싶었고 박이 어떻게 반응할지 궁금했다. 나는 가볍게 웃으면서 말을 꺼냈다.

"나는 오늘 내가 어떻게 생각하는지를 알아보았네."

"생각을 어떻게 하는지 알아보았다고?"

그는 무슨 뜬금없는 말이냐는 듯 되물었다.

"응, 내 생각의 시발점은 오늘 아침에 약속에 대한 생각을 하게 되면서부터였다네."

나는 오늘 아침 진영이의 일부터 시작해서 내가 어떻게 나의 생각을 모른다는 걸 알게 되었는지, 그리고 내가 알아낸 생각의 과정 등에 대해 장황하게 늘어놓았다.

그의 얼굴에는 기대했던 감탄 대신에 의아함만이 가득했다.

"그걸 왜 알아야 하는데?"

"왜냐고? 내가 내 생각을 잘 모르는데 그걸 당연히 알아야 하는 게 아닌가?"

그는 다시 물어보았다.

"지금 자기 생각을 모른다고 했나?"

나는 그의 질문에 언성을 높여 대답했다.

"그래! 나는 내 생각을 잘 모른다네. 내가 왜 무언가를 선택할 때마다 망설이게 되는지 잘 모르고 내가 왜 싫은 사람하고 같이 밥을 먹으러 다니는지도 모른다니까."

잠시의 침묵이 우리를 감쌌다. 내가 하루 종일 노심초사하며 생각한 것의 가치를 그는 처음부터 전혀 인정하지 않는 것 같아서 기분이 상해버렸고, 그는 내 반응에 놀란 것 같았다. 나는 문득 박이 어떤 사람인지 생각해보았다. 그도 나처럼 자기 생각을 모르는 사람일까? 아니면 아내처럼 애초부터 생각을 잘하는 사람일까? 갑자기 그도 아내처럼 생각을 잘하는 사람일 수 있겠다는 생각이 들었다. 어려움을 겪어보지 못한 사람은 그 상황을 이해하기 어렵다.

그에게 내 어려움을 설명해야 할 필요성을 느꼈다.

"자네 펠레라든지 보비 찰튼이라는 유명한 축구 선수들 알지? 그들이 축구는 잘하면서 축구 감독은 왜 못하는지 아는가?"

나는 최대한 부드럽게 다시 설명을 시작했다.

"그거야 운동신경은 보통 사람들보다 뛰어나지만 이론적으로는 그렇지 못하니까 그렇겠지."

그가 원하는 대답을 해줘서 나는 설명하기가 한결 편해졌다.

"그래 바로 그거야. 나는 펠레나 보비 찰튼 같은 운동신경도 없으면서 축구를 해야 하는 사람이야. 남들보다 운동신경은 떨어지는데 운동을 해야 한다면 어떻게 해야겠어? 이론적으로나마 보완을 해서 그들을 따라가려고 노력해야겠지?"

나는 말을 이어갔다.

"생각도 이와 마찬가지야. 나는 생각을 잘 못하는 사람이야. 저절로 나의 생각을 알 수 있는 사람이 아니거든. 그것이 바로 내가 생각은 어떻게 만들어지는지를 알려고 하는 이유야. 참, 그런데 자네는 자기 생각을 잘 안다고 생각해?"

"음, 내 생각을 잘 아느냐고?"

그는 말없이 앉아서 잠시 생각에 잠긴 듯했다. 나는 그가 생각을 정리할 시간이 필요함을 느꼈다. 잠시 후 그는 나를 쳐다보면서 말을 꺼냈다.

"나도 잘 모르겠어. 좋아, 그렇다면 생각이 어떻게 만들어지는지 알면 어떻게 달라지는데?"

나는 조심스럽게 답했다.

"생각이 만들어지는 과정을 알 수 있다면 내 생각이 어떤지도 알 수 있을 것 같아. 그리고 내가 어떻게 살아야 할지도 알 수 있을 거고."

그는 내 답변이 뜻밖인 듯이 물었다.

"여태껏 어떻게 살아야 할지 모르고 살았다고?"

"그래, 어떻게 살아야 할지 잘 몰랐어. 내 생각이 무엇인지도 잘 모르는데 그걸 어떻게 알겠어."

사람의 고민이란 때론 비슷할 때가 많은 것 같다. 나만 가지고 있다고 생각했던 이러한 고민들을 박도 하고 있었음이 분명했다. 그는 내가 왜 생각을 알려고 하는지에 대해 조금씩 받아들이는 것 같았다.

"그 외에 다른 이유도 있을까?"

"자네에게도 말했지만 내 생각을 모르고는 제대로 된 판단을 할 수 없다는 생각이 들었네."

나는 말을 이어갔다.

"사실 직장에서 해결해야 할 문제들은 별로 어려울 게 없네. 내 생각이 별로 중요치 않거든. 하지만 내 개인적인 문제들은 내가 어떻게 생각하느냐가 판단의 출발점 아니겠어? 그런데 정작 내 생각을 모르고서야 어떻게 이런 판단들을 할 수 있겠어."

그는 호기심과 회의가 섞인 질문을 해왔다.

"좋아, 그렇다면 자네가 설혹 생각의 과정을 이해한다고 해서 좋은 생각을 한다고 말할 수는 없지 않나? 예를 들어 소화기과 의사가 위를 잘 안다고 해서 그가 소화를 잘 시킬 수 있는 건 아니듯 말일세."

"맞아. 자네 말에 동의해. 자기 생각을 잘 안다고 해서 원래 생각을 잘하는 사람보다 더 잘할 수 있는지는 모르겠어. 하지만 적어도 내 자신은 이전보다 더 좋은 생각을 할 수 있을 것 같아."

그가 소화 능력을 예로 들었으니 이에 맞추어 설명을 이어갔다.

"소화가 잘되는 상태에서는 굳이 위가 어떻게 음식물을 소화시키는지를 몰라도 되겠지. 하지만 소화를 잘 못 시키는 사람에게는 도움이

된다고 생각해. 예를 들어 음식물을 먹으면 위에서 소화액이 나오고 이
것이 섞이면서 소화가 된다는 것, 그리고 이 과정에서 무엇이 어떻게
잘못되면 소화에 방해가 된다는 것 등을 알고 있다면 도움이 되지 않겠
어?"

그는 잠시 생각하더니 다시 질문했다.

"자신의 생각을 모른다고 했는데, 그걸 자네는 어떻게 알았는가?"

나는 고개를 끄덕이면서 대답했다.

"여러 상황에서 힌트를 얻었다네. 우선 한 번 결정한 일에 대해 시
간이 지나면 후회되는 상황이 자주 벌어지는데 그 이유를 모르겠는 거
야. 내가 왜 새로운 생각을 했으며 그 생각이 지속될지 아니면 또 바뀔
지에 대해서도 자신이 없는 거지. 내가 선택을 망설이는 이유도 마찬가
지라고 생각해. 어떤 때는 이것이 옳은 것 같고 조금 지나면 저것이 더
옳은 것 같아. 개인의 선택이란 생각과 직결되어 있지. 옷가게에서 옷
을 선택할 때를 예로 들어보면 판단의 기준은 그 옷이 좋은지가 아니라
내게 맞는지가 가장 중요한 점이지 않겠나? 그런데 나를 잘 모르니 판
단이 망설여질 수밖에. 바로 이런 것들이 내가 내 생각을 알지 못한다
고 보는 이유들이야."

그는 내 말을 듣더니 웃으면서 말했다.

"그건 나도 그래. 내 생각도 자주 바뀌고 선택할 때도 많이 망설이
지. 그렇다면 거의 모든 사람이 자신의 생각을 잘 모른다고 할 수 있지
않을까?"

나는 자신 없게 말했다.

"그건 잘 모르겠네. 오직 당사자만이 그 답을 알 수 있겠지. 하지만

나는 자신의 생각을 잘 아는 사람도 있다는 것을 아네."

나는 박과 거울에 대해 이야기하고 싶어졌다.

"사람의 눈은 자기 얼굴은 보지 못하고 다른 사람만 쳐다보게 되어 있다는 걸 누구나 알고 있지. 지금 이 순간에도 나는 자네를 바라보고 자네는 나를 바라보고 있지 않은가. 그래서 자기 얼굴에 밥풀이 묻었는지 눈곱이 끼었는지를 자기 자신은 알 수 없지."

나는 설명을 이어갔다.

"물론 사람들은 먼 옛날부터 물에 비친 모습을 보고 자기 얼굴인 줄은 알았겠지만 거울이 생긴 후에야 자기 얼굴에 대해서 또렷이 알게 되었다고 생각해. 게다가 상대방이 나를 어떻게 보는지를 알 수 있었을 거야. 만약 거울이 없다면 상대가 나를 왜 예쁘다고 하거나 밉다고 하는지 알 수 없지 않았겠어?"

그는 순순히 동의했다.

"그건 그렇지. 자네는 지금 생각을 얼굴과 비교하고 싶은 게지?"

그는 금방 내 말뜻을 눈치챘다.

"그렇다네. 사람의 생각도 이와 마찬가지 아니겠는가. 지금 내가 자네와 이야기하고 있을 때에도 나의 생각이 어떤가보다는 자네의 의견에 더 민감한 것을 보면 말일세."

나는 말을 이어갔다.

"나는 거울이 가장 위대한 발명품이라고 생각하네. 언제든지 자신의 얼굴을 바라볼 수 있기 때문이지. 만약에 사람의 생각을 비춰주는 거울이 있다면 얼마나 좋을까? 그렇다면 내가 이렇게 골치 아프지 않을 텐데 말일세."

## 네 가지 생각의 모습

나는 전기 포트에 물을 끓이고 티백 두 개를 꺼내어 홍차를 만들었다. 그의 잔에는 홍차를 진하게 우려 넣고 우유 조금과 설탕 한 스푼 반을 넣었다.

"어때?"

나는 그의 입맛에 맞는지 얼굴을 쳐다보았다. 그는 뜨거운 홍차를 후후 불면서 한 모금 마시더니 웃으면서 대답했다.

"응, 좋아!"

다른 사람에게 먹을 걸 만들어주는 일은 번거롭기는 하지만 내가 즐겨 하는 일이다. 박은 다시 한 모금을 마시면서 말을 꺼냈다.

"점심 먹을 때 자네가 했던 말은 무슨 뜻이었어?"

사실 나도 그 이야기를 꺼내고 싶었던 터라 그가 무엇을 묻는지 금방 알아들었다.

"아! 내게 보이는 자네 모습도 자네의 일부라는 말?"

"그래! 그 말."

긴 내용을 간략하게 설명하기 위해 잠시 정리가 필요했다. 그에게 '네 가지 모습의 나'에 대해서 먼저 설명해야 하기 때문이다.

"사람은 저마다 네 가지 각기 다른 생각의 모습을 가지고 있다고 생각해."

그는 의아하다는 듯이 물었다.

"자네의 생각이 네 가지 모습을 가지고 있다고?"

"그래. 지금 자네와 이야기하고 있는 나는 네 가지 생각의 모습을 갖고 있는 셈이지. 우선 나라는 사람이 있다는 게 바로 '실체의 나'가 존재한다는 증거라고 봐. 첫 번째의 나인 셈이지. 하지만 그 '실체의 나'는 구조적으로 스스로를 인지할 수 없게 되어 있어. 마치 우리가 자신의 얼굴을 스스로 쳐다볼 수 없는 것처럼 말이지. 그래서 오직 생각을 통해서만 '실체의 나'를 쳐다볼 수 있다네."

박은 내 말을 받았다.

"마치 거울을 통해서만 자기 얼굴을 쳐다볼 수 있는 것처럼?"

"맞네. 그렇게 내 생각을 통해서 보는 내가 바로 두 번째 나인 '내가 생각하는 나'이네."

박이 물었다.

"'실체의 나'와 '내가 생각하는 나'가 서로 다를까?"

나는 그 차이를 설명해야 했다.

"거울에 비친 모습이 얼마나 자신과 비슷한지는 거울이 얼마나 평평한지에 달려 있겠지. 마찬가지로 '실체의 나'를 얼마나 정확하게 알 수 있는지는 이를 비추어주는 자기 생각에 달려 있다고 봐. 하지만 사람의 생각이라는 게 얼마나 주관적이고 왜곡될 수 있는지 자네도 잘 알고 있지 않은가?"

그는 고개를 끄덕거렸고 나는 흥이 났다.

"사람에 따라서는 스스로를 생각하는 데 있어 실체의 나를 제대로 보기보다는 미화하거나 보고 싶은 대로 보거나 아니면 오히려 폄하할 수도 있겠지. 객관적으로 보면 분명히 바람둥이인데도 스스로는 낭만적인 사람으로 생각하기도 하고, 얌체 짓을 하면서도 자신을 알뜰한 사람으로 생각하기도 하며, 심지어는 악한 짓을 하면서도 자신을 정직한 사람이나 혹은 능력 있다고 생각하는 경우를 많이 볼 수 있지 않은가?"

그는 잠시 생각에 빠진 것 같더니 조심스럽게 질문했다.

"자신의 생각을 잘못 알고 있더라도 타인과 비교도 하고 스스로 자각하면서 수정해갈 수도 있지 않을까?"

"글쎄, 어렵기는 하지만 그게 유일한 방법 아니겠어? '실체의 나'를 알 수 있는 유일한 방법이 자신의 생각을 통해서이니 그 생각이 통찰력이 있어야 할뿐더러 조금이라도 삐뚤어지면 안 되겠지. 사실 나는 내 생각이 제대로인지 아니면 삐뚤어졌는지조차 알 수 없다네."

박은 흥미를 느꼈는지 질문을 계속했다.

"좋아, 그럼 세 번째 나는 무엇인가?"

"응, '보이고 싶은 나'가 있지. 이를테면 나는 지금 자네에게 '내가 생각하는 나'의 모습 중에서 아주 일부만을 선택해 '보이고 싶은' 나의 모습만 보이고 있지 않은가. 대부분의 사람들은 자신이 정직하고 괜찮은 사람으로 보이고 싶어 하지. 이렇게 가공해서 만들어진 내가 바로 '보이고 싶은 나'이네."

나는 설명을 이어갔다.

"어때, 우리가 아무리 친하다고 해도 자네 모습 전부를 나에게 보여주기는 싫을걸. 자네의 모습 중에서 어떤 부분만을 특별히 선별해 약간의 치장을 거친 후에 보여주고 있지 않은가? 바로 그렇게 만들어진 자네의 모습이 바로 '보이고 싶은 나'에 해당되겠지."

그는 웃으면서 고개를 끄덕였다. 그는 나의 말에 전적으로 동의하는 것 같았다. 박도 나에게 보이고 싶은 모습이 있을 것이고 보이고 싶지 않은 비밀도 있을 것이다.

한때 나는 '보이고 싶은 나'와 '내가 생각하는 나'가 다르다는 데 대해 고민한 적이 있었다. 마치 상대방을 속이려고 감추는 것 같았고 스스로 진실하지 않은 것 같기도 했다. 하지만 어떤 사람이든지 다른 사람들에게 밝히고 싶지 않은 부분이 있다는 걸 깨달았다. 자신의 불행했던 과거나 안 좋은 성격을 굳이 상대에게 말할 필요는 없을 것이며 상대도 굳이 알고 싶지 않을 것이다.

나에게는 애초부터 남들에게 알리고 싶지 않은 생각들이 있다. 이를테면 내가 역사 속의 주인공이 되어서 멋진 모험을 하는 상상을 한다거나, 배만큼 큰 비행기를 설계해 날리는 판타지를 생각한다거나, 아니면 TV 드라마 속에 내가 끼어들어 활동하는 생각들이다. 아마 다른 사람들이 나의 이런 생각을 알게 되면 비현실적이고 쓸데없는 생각이라고 비웃을 것이다. 하지만 이런 생각들은 애초부터 실현 가능성이 없다는 걸 나도 잘 알고 있을뿐더러 이런 생각을 하는 건 그저 그 생각 속에 빠져 잠시 정신적인 만족을 느끼려는 것뿐이다.

내가 잠시 생각에 잠겨 있는데 박은 계속해서 나의 말을 재촉한다.

"그러면 마지막 나는 누구야?"

"응, '상대가 생각하는 나'지. 지금 같으면 자네가 생각하는 나지."

그는 즉시 물어왔다.

"'보이고 싶은 나'와 '상대가 생각하는 나'는 같은 모습이 아닐까?"

나는 웃으면서 대답했다.

"그렇게 되기란 정말 어렵지 않겠나? 자네는 내가 보이고 싶은 나의 모습, 이를테면 내가 말하는 것, 내가 보이고 싶은 것 그대로가 바로 나라고 믿는 건 아니겠지?"

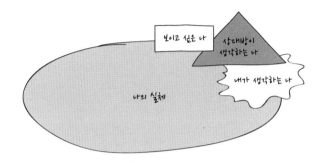

나는 설명을 이어갔다.

"사람들은 대부분 자기가 좋은 사람, 정직한 사람, 믿을 수 있는 사람이라고 보이고 싶어 하지. 하지만 주변을 둘러보게나. 이러한 사람이 실제로 얼마나 있나? 사람들은 자신을 포장해 멋있게 보이고 싶어 하지만, 대부분의 사람들은 포장지만 보고 물건을 판단하지는 않는다네. 저마다 물건을 보는 식견이 있어서 나름대로 판단하지. 그러니 '상대가 보는 나'와 '보이고 싶은 나'가 같기는 정말 어렵지 않겠나?"

박은 고개를 갸웃거리면서 말했다.

"'상대가 생각하는 나'는 사람마다 다르지 않을까?"

"물론 당연하지. 장담컨대 나를 보는 모든 사람은 각자 나를 다르게 생각할걸. 그 이유는 나의 일부만을 보았거나 보고 싶은 모습만 보고 판단하기 때문이겠지."

박은 이제야 생각난 듯이 말했다.

"아! 그래서 자네가 보는 내 모습이 나의 일부일 거라고 말했었나?"

나는 웃으면서 대답했다.

"응. 문득 그런 생각이 들더라고."

내가 가지고 있는 생각에 대한 괴리들

박은 잠시 생각하더니 말을 꺼냈다.

"잠깐 생각해보세. 자네 말대로 한 사람이 네 가지 생각의 모습을 가지고 있다면 그 모습들 간의 차이로 인해서 괴리가 생기지 않을까?"

"그래 맞아. 아무리 완벽한 사람이라 할지라도 괴리는 존재할 수밖에 없다고 생각해. 그리고 그 괴리가 개인 문제의 근본적인 원인이 된다고 보네. 자네 생각에는 어떠한 괴리들이 있을 것 같나?"

박은 즉시 내 말을 받았다.

"우선 '내가 생각하는 나'와 '상대가 생각하는 나' 사이에 괴리가 있겠지. 이로 인해서 사람 간의 관계가 어려워지지 않겠어?"

"맞아. 대부분의 사람들은 자기가 정직하고 믿을 만한 사람이라고 생각하지만 주변을 둘러보면 실제로 믿을 만한 사람이 거의 없지. '내가 생각하는 나'와 '상대가 생각하는 나' 사이의 괴리 때문이지. 이 때문에 우리는 그저 주위 사람을 믿는 척만 하지 실제로는 믿지 않네. 그나마 사람들의 이중적인 태도 때문에 사람들 간의 관계가 원만하게 이루어진다고 보네."

"그래, 맞아. 상대를 믿지 못하고 사기꾼이라고 생각하면서도 겉으로는 웃으면서 믿는 척하지. 그런 식의 대화가 그나마 윤활제 역할을 하는 셈이구먼."

박은 금방 또 하나의 괴리를 찾아냈다.

"'실체의 나'와 '내가 생각하는 나' 사이에 괴리가 크면 나답게 살 수 없을 것 같아."

나는 고개를 끄덕이며 동의했다.

"나도 이러한 괴리 속에 살고 있다는 걸 오늘에야 깨달았네. 이를 테면 흠……."

나는 아내나 진영이에 대한 생각을 털어놓고 싶지는 않았고 다른 예는 순간 떠오르지 않았다. 그러다가 문득 내가 왜 오늘 하루 생각했던 것들을 박에게 털어놓고 싶어서 안달을 할까 하는 생각이 들었다. 또 싫어하는 친구들이 있음에도 불구하고 내가 왜 점심마다 친구들을 찾는지에 대해서도 생각해보았다. 내가 그들에게 바라는 게 있다면 그냥 같이 있으면서 이야기하는 것뿐이다. 상대에게 원하는 게 없으면서도 그냥 같이 있고 싶다면 그 이유는 오직 하나뿐일 것이다. 실체의 나는 사람을 좋아하고 있었던 것이다. 그래! 나는 가족을 사랑하고 친구나 학생 동료들뿐만 아니라 우리 아파트 주변의 세탁소 아저씨, 복덕방 주인, 마트 사장 등과 이야기하는 걸 좋아한다.

"흠, 그러니까 나는 이제껏 사람을 별로 좋아하지 않는다고 생각했었거든. 그런데 실체의 나는 사람을 좋아한다는 걸 알게 되었네."

나의 말은 고백 같기도 해서 좀 쑥스러웠다.

박은 벌써 알고 있었다는 듯이 크게 웃으면서 말했다.

"맞아, 자네는 사람을 좋아하지."

박은 자신이 끄집어낸 논리가 맞아떨어지자 신이 난 것 같았다.

"이건 어때? '보이고 싶은 나'와 '상대가 생각하는 나' 사이에 괴리가 크면 당사자는 섭섭할 것 같아."

"맞아."

나는 고개를 끄덕이면서 그의 말에 동의했다.

"우리는 참으로 많은 괴리와 함께 살아왔다는 생각이 드네. 그렇지 않은가?"

나는 혼잣말처럼 말했다. 어찌된 일인지 괴리를 파헤칠수록 나는 점점 더 우울해졌다. 이러한 괴리들은 모두 나를 괴롭히거나 타인과 문제를 일으킬 수 있는 불씨들이다. 그리고 나는 이제껏 그 위에서 줄을 타듯 이중적으로 말하면서, 또 때로는 거짓을 섞어가면서 살아왔다. 우리는 잠시 이야기를 멈추고 찻잔을 만지작거리면서 생각에 잠겼다.


## 실체의 나

### 실체의 나를 찾아서

박은 네 가지 모습의 나에 대해서 더 이야기하고 싶은 듯했다.

"물론 이 넷 중에서 '실체의 나'가 가장 중요하겠지?"

그는 가볍게 웃으면서 물어보았다.

나는 고개를 끄덕이면서 말했다.

"그럴 수 있으면 오죽 좋겠어. 하지만 '실체의 나'는 확신할 수 없으니 그럴 수는 없고……."

나는 잠시 망설였다가 조심스럽게 대답했다.

"잘 모르겠지만 지금은 '내가 생각하는 나'를 가장 중요하게 여길 수밖에 없을 것 같네."

박은 내 말이 의아한 듯 물었다.

"'실체의 나'가 자네의 진짜 모습이 아닌가?"

"맞아, 그건 그렇지. 하지만 실체의 나는 어떤 모습인지를 확신할 수도 증명할 방법도 없으니 그렇게 대답할 수는 없지 않은가. 그러니 '내가 생각하는 나'를 가장 중요하게 생각할 수밖에…….”

그는 내 말을 다시 정리했다.

“그러니까 '실체의 나'는 모르지만 '내가 생각하는 나'는 알 수도 있을뿐더러 현재의 자신에게 가장 근접해 있으니 중요하다는 말이지?”

“맞네.”

박은 답답하다는 듯이 물었다.

“그렇다면 자네는 '실체의 나'를 전혀 모른단 말인가?”

그는 마침내 내가 가장 답하기 어려운 질문을 하고야 말았다. 사실 나는 '실체의 나'와 '내가 생각하는 나'가 비슷할 거라고 믿고 싶었다. 새로운 나를 발견할 때마다 나는 그것을 받아들였기 때문이다. 하지만 알지 못했던 내가 끊임없이 발견된다는 건 '실체의 나'가 결코 같지 않다는 걸 깨닫게 해주었다. 더구나 나에 대해서 새롭게 발견되는 것들은 오랫동안 나라고 믿어왔던 것들에 반하는 것이거나 아니면 전혀 상상하지도 못했던 것들이었다.

나는 박의 질문에 뭐라고 답해야 할지 망설였다.

“응, 조금은 알지. 그렇지만 모르는 게 더 많다는 것도 알아.”

“조금은 안다는 말이네. 자네는 '실체의 나'를 직접 알 수 없다고 했는데 그럼 어떤 방법으로 그 조금을 알게 되었어?”

그는 절묘한 질문을 했지만 나는 이미 답을 가지고 있었다.

나는 비어 있는 찻잔을 만지작거리면서 말했다.

“나는 '실체의 나'를 알기 위해서 세 가지 방법을 이용해. 그 첫째는 바로 느낌이야.”

나는 진지하게 말을 이었다.

"내 안에서 '바로 이것이야! 이것이 너의 본모습이야'라는 소리가 가슴에 와 닿으면 '실체의 나'라고 생각하게 되지."

박은 고개를 흔들면서 의문을 제기했다.

"느낌이란 원래 애매모호하지 않나?"

"그래, '실체의 나'를 알기 위해서는 반복과 확신이 필요하다고 생각해. 만약 이런 소리를 반복적으로 들어서 확신하게 된다면 그때는 '실체의 나'라고 믿게 되지."

박은 별로 동의하는 기색 없이 다음 것을 물었다.

"그래, 그렇다면 두 번째 방법은 무엇인데?"

"나의 말이나 행동 등을 관찰하는 것이지. 이 방법으로는 단시간 내에 원하는 답을 찾을 수는 없겠지만 시행착오를 겪으면서 조금씩 알아갈 수 있다고 봐. 이런 식으로 내가 초록색을 좋아한다는 걸 알아냈고 어려운 사람을 보고 그냥 지나치지 못한다는 것도 알아냈어."

그는 이번에는 그래도 고개는 끄덕여줬다. 나는 말을 이어갔다.

"세 번째 방법은 삼각측정법을 이용하는 거야. 이 방법을 통해 객관적으로 '실체의 나'를 바라볼 수 있지."

"무엇을 이용한다고?"

박은 웬 뜬금없는 말이냐는 듯 물었다.

### 삼각측정법에 의해 자신을 알아보다

"삼각측정법이라고 들어보기는 했지?"

"그래. 토목에서 거리를 측정하는 방법이잖아."

박은 즉시 대답했다.

"맞아, 두 점의 위치와 간격을 알고 있을 때 세 번째 점의 위치를 알아내는 방법이지. 이미 알고 있는 두 점에서 아직 알지 못하는 세 번째 점의 각도를 파악해 그 점의 위치를 알아내는 것이지. 나는 이런 방법으로 실체의 나를 어느 정도는 알 수 있다고 생각해."

나는 삼각측정법을 어떻게 활용하는지에 대해 좀 더 설명했다.

"나는 나를 직접 보지 못하지만 주변 사람들은 실체의 나를 바라볼 수 있다는 점에서 이 방법을 착안했지. 이를 적용하기 위해서는 기준점이 되어줄 두 사람이 필요해. 그리고 그 두 사람의 눈을 이용해 실체의 나를 파악하는 거지."

"두 사람만 있으면 된다고?"

그는 너무 간단하다는 듯이 물었다.

"그래, 하지만 몇 가지 조건을 갖춘 사람이어야 해. 우선 나를 오랫동안 지켜봤어야 해. 그래야 나의 모든 것을 알 수 있을 게 아닌가? 기분 좋을 때의 나와 기분 나쁠 때의 나, 사람들 속에서의 나와 혼자 있을 때의 나, 성공했을 때의 나와 실패했을 때의 나 등 나의 수많은 모습을 지켜보았어야 해. 그래야 어느 한쪽에 치우치지 않고 형평성 있게 나를 보지 않겠어?"

나는 말을 이어갔다.

"그리고 자신이 알고 있는 걸 객관적이고 솔직하게 내게 이야기해 줄 수 있어야겠지."

그는 가볍게 웃으면서 물어봤다.

"자네는 그런 두 사람을 알고 있나?"

나는 그 질문에 답하지 못하고 찻잔만 만지작거렸다. 누가 실체의 나를 바라봐 줄 수 있을까? 아내는 객관적일 수 없을 것이다. 박은 나를 충분히 바라볼 기회가 없었고, 다른 친구들은 나에 대해서 애초에 관심조차 없을 것이다. 나도 모르게 빈 찻잔을 만지면서 한숨을 내쉬었다. 나는 분위기를 바꾸어보려고 벌떡 일어나면서 말했다.

"차나 한 잔 더 하지."

내 생각이 추구하는 것은?

나는 냉장고 문을 연 채로 물었다.

"오미자차 어때?"

"좋지."

나는 물을 끓이고 오미자 원액을 부어 차를 만들었다. 달콤새콤하면서 떫떠름한 맛이 혀로부터 시작해 위장까지 뜨겁게 자극했다. 우리는 홀짝거리면서 잠시 차를 음미했다. 한참 생각에 잠겨 있던 박이 나지막한 목소리로 물었다.

"그런데 말이지. 실체의 나를 꼭 알아야 할까?"

박은 자기 생각을 꼭 알아야 하는지에 대해 같은 질문을 반복하고 있었다. 하긴 나도 그 질문을 수없이 반복했고 과거에도 그랬던 것 같다. 아마 소크라테스 전부터 사람들은 이 질문을 수도 없이 했을 것이다. 그리고 나는 어떻게 대답해야 할지 확신을 갖게 되었다.

"그래! 물론 알려고 항상 노력해야지. 내가 나를 알지 못하면 아무것도 제대로 할 수 없기 때문이야. 생각을 알지 못하면 내가 무엇을 원하고 내가 무엇을 해야 하며 그리고 어떻게 해야 행복해질 수 있는지도 알아낼 수 없네. 그리고 나의 생각이란 곧 '실체의 나'가 가지고 있는 생각이 아니겠는가?"

박은 나의 너무나 확고한 답변을 듣고만 있었고 나는 하고픈 말을 마저 했다.

"나는 아마 죽을 때까지 내 생각이 무엇인지를 알려고 노력할 걸세. 그러한 과정이 곧 '내가 생각하는 나'를 '실체의 나'에 가까워지도록 하는 것이지 않겠는가."


## 생각이 다르기 때문에 내 존재는 의미 있다

### 생각의 과정은 비슷하고 결과는 다르다

오늘은 평소보다 더 많은 이야기를 해 시간이 많이 흘렀다. 박은 자기 연구실로 돌아가려고 의자에서 일어섰다. 일어선 그의 앞에는 거울이 걸려 있었고 그는 거울에 비친 자신의 모습을 보았다.

"자네가 생각하는 방법으로 다른 사람들도 생각할 거라고 보는가?"

이전에 수없이 생각해보았던 질문이다.

"글쎄, 생각하는 과정은 같지 않을까? 마치 모든 사람들의 소화기관은 식도가 있고 위가 있고 창자가 있는 것처럼 말일세."

박은 내 말을 음미해보는 것 같았다.

"생각의 과정이 같을 거라고? 그렇다면 나의 머릿속에서도 생각의 씨앗이 들어오면 본성이나 기억 속의 무엇이 대응해 생각 조각이 만들어질 거라고 보는 거지?"

"맞네. 그리고 사람들마다 자신만의 생각의 방들을 가지고 있을 것으로 추측되네. 어때, 자네도 전공을 비롯한 갖가지 생각의 방이 있지 않은가?"

박은 고개를 갸웃거리면서 묻는다.

"그래, 그런 면은 그렇지. 그런데 왜 내 생각은 자네와 다를까?"

나도 자리에서 일어서 그를 바라보았다.

"소화기관이라는 과정은 같지만 무엇이 들어가고 어떻게 소화되며 그로부터 만들어진 에너지가 어떠한 결과를 만들어내는지는 사람마다 각각 다르지 않은가? 이처럼 사람마다 생각의 씨앗이 다르고 내용이 다르니 만들어진 생각의 결과가 다른 것은 당연한 게 아니겠나?"

"그렇지, 오늘 재미있었네."

그는 알았다는 듯이 고개를 끄덕이고는 내 연구실 밖으로 나갔다.

### 생각이 다르다는 것의 의미는?

나는 자리에 앉아서 창밖을 쳐다보았다. 오늘은 오전 강의만 있는 날이어서 모처럼 한가하다. 나는 눈을 지그시 감고 오늘 있었던 일들을 생각해보았다. 직장 생활은 판에 박은 듯 비슷한 날들의 연속인 것처럼 보인다. 하지만 조금만 자세히 들여다보면 날마다 새로운 것으로 가득 차 있다. 오늘만 보더라도 나에 대해서 새롭게 알아낸 것들도 많았고 친구들과의 대화도 흥미로웠다. 이러한 것들을 경험하고 느껴본 지금의 나는 더 이상 어제의 나와는 같다고 할 수 없을 것이다. 오늘의 나는 새롭게 변화했다.

나는 친구들을 떠올려보았다. 친구란 그래도 생각이 비슷한 사람들일 텐데 아무도 나와 같은 생각을 하는 사람은 없는 듯했다. 하긴 우리들은 애초에 다른 사람들이었으며 더구나 나도 변하고 친구들도 변하고 있으니 우리들이 같은 생각을 하는 건 불가능하다. 나와 친구의 생각도 다른데 하물며 그 누가 나와 같은 생각을 하겠는가? 사실 모든 사람들이 각기 다른 생각을 하고 있다는 것은 새삼스러운 일이 아닐 것이다.

예전에 책상 위에 있는 컴퓨터를 보면서 했던 생각이 났다. 컴퓨터가 공장에서 처음 만들어질 때 같이 만들어진 컴퓨터들은 모두 동일한 정체성을 가지고 있다. 만약 같은 모델로 100대가 만들어졌다면 이것들은 모두 같다고 할 수 있다. 이렇게 동일한 것들은 개개의 특성이 없기 때문에 유일성이 없고 그래서 대체 가능하다. 우리는 이런 것들을 그냥 숫자로 표현한다. 세상에서 숫자로만 표현되는 것들은 더 이상 그 존재의 유일한 가치가 없는 것들이다. 이를테면 만들어진 100대 중에서 5대를 판매하면 앞에 있는 것이건 뒤에 있는 것이건 별 차이가 없다. 손님이 그냥 5대만 가져가면 그뿐이다. 같다는 것은 이처럼 그것만의 존재의 의미를 사라지게 만든다.

새삼스럽게 내 생각이 다른 사람과 다르다는 게 얼마나 소중한지 느꼈다. 만약에 나와 같은 생각을 하는 사람이 존재한다면 이는 상상만 해도 끔찍한 일이다. 그와 나는 같은 것 2개로 셀 수 있을 것이고 우리 중에 어느 하나는 다른 것을 대체할 수도 있을 것이다. 하지만 다행스럽게도 사람들은 모두 생각이 다르고 그래서 각자 유일한 존재다. 그리고 우리들 하나하나가 유일하기 때문에 자신만의 존재의 의미를 가지게 된다.

생각은 일시적이다

나는 의자에 앉아 창밖을 쳐다보았다. 멀리 차와 사람 들이 움직이고 있었고 나는 생각에 잠겼다. 오늘 참으로 많은 생각을 했다. 생각에 대한 과정을 그려보았고 나에 대해서 새로운 것을 발견했으며 다른 사람의 생각도 추측해보았다. 지금 이 순간 나는 이러한 생각들이 옳다고 확신한다. 하지만 나의 과거를 돌이켜보면 그렇게 자신할 수만은 없는 것 같다. 바로 어제도 나는 절대 변할 것 같지 않은 생각을 했었지만 불과 하루가 채 지나기 전에 이렇게 바뀌어버리지 않았는가. 어제의 생각은 일시적이었으며 오늘의 생각도 일시적일 것이다. 만약 이런 식으로 생각이 진화한다면 내일의 나는 또 다른 생각을 하게 될 것이고, 오늘 했던 생각은 수정되거나 잊힐 것이다.

불현듯 나의 모든 생각에 자신이 없어졌다. 한때는 확고하게 옳다고 믿었던 생각들이 그다음에 보면 어설픈 철부지의 생각이었다는 것을 깨달은 경우가 수도 없이 많았기 때문이다. 그리고 설익은 생각을 주변 사람들에게 내뱉어버렸던 걸 얼마나 후회했던가. 박이 떠올랐다. 만약 내 생각이 추후 틀린 것으로 확인되면 그는 나를 얼마나 비웃을까? 생각할수록 씁쓸한 웃음이 지어졌다. 나는 딜레마에 빠진 것이다. 이전에 가졌던 생각보다 더 나은 새로운 생각을 한다는 건 바람직한 일이기는 하지만 그렇기 때문에 새롭게 한 생각에 확신할 수 없기도 하다. 이런 식으로 나는 점점 더 나은 생각을 할 수 있겠지만, 그렇게 되면 현재의 생각은 틀릴 수도 있다.

내 생각에 확신을 가지려면 나는 더 이상 새로운 생각을 하지 말아야 할 것이다. 적어도 내 스스로 틀리다는 걸 찾아내지는 않을 것이기 때문이다. 하지만 새로운 생각을 하지 않는 사람은 더 이상 생동적인 사람이라고 볼 수 없을 것이다.

나는 여전히 창밖을 보면서 골똘히 생각에 잠겼다. 어떻게 하면 내 생각이 일시적이고 한계가 있다 할지라도 떳떳하게 말할 수 있을까? 문득 친구들과의 대화가 떠올랐다.

우리들은 불변의 진리는커녕 아무런 근거도 없거나 과장된 이야기들을 아무 거리낌 없이 늘어놓는다. 그리고 이에 대해서 별로 괘념치 않았다. 왜냐하면 우리들은 불완전한 존재기 때문이다. 나는 마음을 편하게 가지려고 해보았다. 나라는 불완전한 존재가 불완전한 논리를 펴는 건 별로 부끄러운 일이 아닐지도 모른다.

# ∴9장

# 내 생각을 알아가다

## 겉모습의 관찰

오랫동안 깊은 생각에 빠져 있었나 보다. 이미 어두워지기 시작한 창밖은 벌써 퇴근 시간이 되었음을 알려주었다. 퇴근 시간이 되면 마치 오늘 하루가 다 지나간 것처럼 느껴진다. 책상 위에 놓여 있는 휴대전화 화면이 깜빡거렸다. 문자가 온 것이다.

나는 잠시 망설이다 휴대전화를 들었다.

'고3 김진수 본인 사망'

가까이 지내지는 못했지만 낯설지 않은 동창이다. 고등학교 3학년 때 같은 반이었고 체육시간에 같이 뛰던 모습이 생각났다. 군대에서도 우연히 같은 내무반에 소속되었고 훈련도 같이 받았다. 훈련 도중에 진수의 안경이 부서져 애를 먹었고 초코파이를 나눠 먹던 생각도 떠올랐다. 마음이 울적해졌다. 죽기에는 너무 이른 나이가 아닌가! 그의 장례 식장은 집으로 가는 길에서 그리 멀지 않은 곳에 있었다. 나는 퇴근길에 잠시 들러 그와의 마음을 정리하고픈 생각이 들었다.

나는 대충 정리하고 연구실을 나섰고 아직 켜지지 않은 가로등 밑을 지나 주차장 세 번째 칸 앞줄에 주차되어 있는 내 차에 올라탔다. 출근할 때처럼 장례식장에 가는 길도 운전에 대해 따로 생각할 필요는 없을 것 같다. 여러 번 가봤던 길이라 그냥 운전대를 잡기만 하면 내 생각은 자동으로 작동하기 때문이다. 차는 천천히 출발해 주차장을 빠져나왔다.

오늘 하루의 일을 돌이켜봤다. 오늘 했던 강의는 어땠으며 친구들과의 대화에서 재미있었던 일들 그리고 박과의 토론도 떠올랐다. 매일의 일과라는 게 비슷한 것 같지만 오늘만은 특별하게 기억하고 싶었다. 바로 생각에 대해서 첫발을 내디뎠기 때문이다.

퇴근 시간이어서인지 도로는 차량들로 꽉 차 있었다. 앞차를 따라서 가다 서다를 반복했다. 나는 이내 지루해졌고 앞차가 설 때마다 뒤꽁무니를 자연스럽게 보게 되었다. 앞차의 후방 라이트는 가늘고 날렵했으며 두툼한 범퍼에 은회색을 칠한, 이전에는 전혀 본 적이 없는 낯선 모델이었다. 앞차가 궁금해졌다. 저 차와 같이 생소한 것을 알고 싶다면 어떻게 해야 할까? 그 대상이 무엇이건 간에 나는 우선 외부의 모습부터 바라볼 것이다. 그것이 물건이라면 이리저리 관찰할 것이고 사람이라면 얼굴이며 전체적인 체형 등을 살펴볼 것이다.

생각은 나에게 생소한 물건이나 다를 바 없다. 나에게 생각은 처음 보는 저 차처럼 아주 적은 정보만 알고 있는 낯선 대상이다. 그렇다면 가장 쉽게 알 수 있는 생각의 겉모습부터 살펴보아야 할 것이다. 생각의 겉모습은 나의 생각이 겉으로 표현되는 것들일 것이다. 어떤 것을 생각하면 그것에 대해 관심이 생겨나고 말이나 행동을 통해 타인에게 전달하게 된다. 나의 관심, 말 그리고 행동이 바로 생각의 겉모습이었

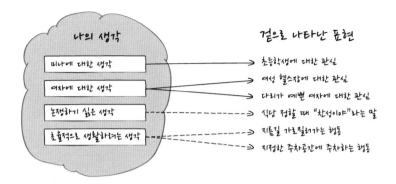

나의 생각 | 겉으로 나타난 표현
- 미나에 대한 생각 → 초등학생에 대한 관심
- 여자에 대한 생각 → 여성 헬스장에 대한 관심
- → 다리가 예쁜 여자에 대한 관심
- 논쟁하기 싫은 생각 ⇢ 식당 정할 때 "찬성이야"라는 말
- 호율적으로 생활하려는 생각 ⇢ 지름길 가로질러가는 행동
- ⇢ 지정한 주차공간에 주차하는 행동

던 것이다.

### 관심 그리고 말과 행동

관심은 생각의 과정에서 자연스럽게 생겨나는 표현이다. 미나가 태어났을 때 생각이 난다. 미나가 태어나자 나는 온종일 미나 생각에 빠져 있었다. 그즈음 나의 눈에는 온통 갓난아이들만 보였고 갓난아이의 작은 신발이나 배냇저고리를 보면 눈을 뗄 수 없을 만큼 예뻤고 아이가 우는 소리까지도 아름답게 들렸다. 미나가 커서 유치원에 들어가자 그때부터는 유치원생들만 보이더니 지금은 초등학생에게 관심이 온통 쏠려 있다. 관심이 있는 건 눈에 보이고 귀에 들리며 잊지 않고 기억하게 된다. 나는 수십 명의 아이들이 있어도 그 속에서 미나를 쉽게 찾을 수 있으며 미나와 함께했던 추억들은 영상처럼 선명하게 기억하고 있다. 관심이란 생각의 표현이기 때문에 생각이 없어지면 관심도 역시 사라져버린다. 미나와 지나가 자라자 아기들에 대한 나의 관심도 같이 시들해져버렸다.

생각의 또 다른 표현은 말과 행동이다. 관심은 은밀하게 표현되는데 반해 말과 행동은 타인에게 드러나는 속성이 있다. 상대에게 굳이 전달할 목적이 아니라 하더라도 상대가 알게 되는 것이다. 그리고 상대가 알 수 있다는 걸 의식하는 순간 내 생각을 있는 그대로 표현하지 않게 된다. 예를 들어 직장 상사가 멍청한 짓을 하더라도 '당신은 멍청하다'라고 말하는 사람은 없다. 그 말이 결국 나를 해칠 수 있다는 걸 알기 때문이다. 그래서 자기 생각을 그대로 말하는 사람은 없다. 말을 할 때는 자신의 생각을 감추든지 아니면 완곡하게 표현한다. 일종의 자기 방어를 하는 것이다.

생각이 겉으로 드러날 때는 매체에 따라 다르게 표현된다. 상대가 알지 못할 거라고 짐작되는 관심은 대체로 생각 그대로를 표현하는 데 반해, 상대가 알 거라고 짐작되는 말과 행동은 어떤 식으로건 변질되어서 표현된다. 나는 몇 가지 생각을 떠올려보았고 그런 생각을 할 때 어떠한 식으로 표현되었는지를 떠올려보았다.

겉으로 표현된 것들의 왜곡

어른이 되는 과정에서 일어나는 가장 큰 변화는 아마 생각을 그대로 말하거나 행동하지 않는다는 점일 것이다. 아이였을 때의 나는 생각을 그대로 이야기했고 하고 싶은 일을 참지 않았으며 주변의 눈치도 살피지 않았다. 하지만 어른이 된 지금은 매일같이 거짓을 이야기하고 하루에도 수십 번씩 참으며 항상 상대의 뜻을 배려하려고 한다. 나는 이제 내가 하는 말과 행동이 나의 생각 그대로가 아니라는 것쯤은 잘 알고 있다. 생각이 말과 행동으로 표현되는 과정에서 습관처럼 왜곡되고

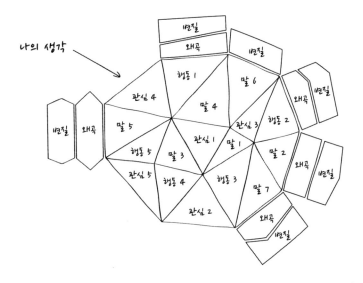

나의 생각

변질
왜곡
행동 1
관심 4
말 5
변질 왜곡
행동 5
관심 5
말 3
행동 4
관심 2
말 4
관심 1
행동 3
말 7
변질
말 6
관심 3
말 1
행동 2
말 2
왜곡
변질
왜곡 변질
왜곡
변질

변질되어버리는 것이다. 착잡하기 짝이 없는 이러한 현상을 나는 머릿
속으로 그려보았다.

나는 어른이 되어가는 과정에서 가끔씩은 딜레마에 빠졌던 것 같
다. 생각을 그대로 말하자니 사람들과의 관계에서 어려움을 겪게 될 것
이고, 진실을 감추자니 거짓말쟁이가 되는 것 같아 싫었다. 선택의 기
로에 섰을 때마다 나는 이익보다는 위험한 쪽을 피하려 했다. 결국 나
는 진실을 말하는 게 나를 위태롭게 할 수 있으니 생각을 감추는 쪽을
선택했던 것이다.

사실 우리들이 살고 있는 이 사회에서는 어느 누구도 진실을 말하
지 않는다. 사회적으로 출세한 사람일수록 자신의 생각을 왜곡시키고
변질시켜서 상대방이 알지 못하도록 철저히 위장한다. 그런 사람들 속
에서 나의 생각을 그대로 말하는 건 마치 나만 갑옷을 벗고 전쟁터에

뛰어드는 것과 비슷할 것이다. 그래서 나는 여태껏 갑옷을 입고 살아왔으며 앞으로도 그럴 것이다.

이제 말이나 행동 그대로가 내 생각이라고 말할 수 없다는 것을 깨달았다. 내 생각을 알기 위해서는 그 말이 무엇을 의미하는지 파헤쳐보아야만 한다. 두세 겹의 포장지로 싸여 들여다보이지 않는 그 속에 어떤 생각이 들어 있는지를 알아내야만 하는 것이다.


## 수많은 사람들 속에서 미미한 나의 생각

드디어 장례식장에 도착했다. 나는 2층에 있는 진수의 호실을 찾아냈다. 아직 시간이 일러서인지 사람은 많지 않았고 중학생처럼 보이는 사내아이 둘이 빈소를 지키고 있었다. 나는 빈 봉투에 이름을 적어 부의금을 내고는 영정 앞에서 두 번의 절을 했다. 그러고는 상주라고 빈소를 지키는 진수의 어린 아이들과 맞절을 했다. 아버지를 잃기에도 그리고 이런 곳에서 빈객을 맞기에도 너무 어린 아이들이었다. 나는 찡한 마음을 뒤로하고 손님방 쪽으로 갔다.

나는 손님방에 아는 친구들이 있는지 한 번 휙 둘러보았다. 여기저기에서 동창들의 모습이 보였고 멀리서 몇몇 친구가 손을 흔들면서 아는 체를 했다. 나는 고개를 끄덕이며 조금 안면이 있는 장이 있는 탁자에 다가서서 한 자리를 꿰차고 앉았다. 장은 술을 따라주었고 나는 운전을 핑계로 반 잔만 마셨다. 장과 이는 오래전부터 술을 주고받았는지 거나하게 취해 있었다.

장이 말을 건넸다.

"잘 있었나!"

"자네도 잘 지냈나? 그런데 어떻게 된 일이야?"

"응, 간암이었대. 한동안 고생했나봐. 우리도 오늘 알았어."

진수가 대학을 졸업하고 주류회사에 취업했던 게 기억났다. 그리고 자연스럽게 주류회사에 근무하면서 술을 많이 먹게 돼 결국 간암에 걸려 세상을 떠난 친구의 모습이 떠올랐다. 나의 상상을 바로잡기라도 하려는 듯 이가 부연 설명을 해준다.

"이미 몇 년 전에 조기퇴직 했대."

나는 고개를 끄덕거렸다.

조기퇴직. 이 한마디가 많은 걸 시사하고 있었다. 오십도 안 된 나이에 직장을 그만두었다면 그는 더 이상 직장인으로 살아왔던 '김진수'는 아니었다. 장과 이 그리고 박은 자기들끼리의 이야기에 다시 빠져들었고 나는 진수 생각에 잠겼다.


## 현실 변화는 생각을 혼란스럽게 한다

조기퇴직이란 직장에서 더 이상 돈을 벌 수 없다는 것보다 더 큰 충격을 가져다준다. 이제까지 그가 가지고 있던 생각이 온통 쓸모없게 되어버린다는 충격이다. 어젯밤 진영이가 어떤 마음으로 내게 전화를 했을지 조금이나마 짐작이 되며 마음이 울적해졌다.

직장인은 직업에 관련된 일들이 생각의 대부분을 차지한다. 아침

일찍 일어나서 온종일 일에 관한 생각을 하고 일에 관련된 사람들을 만나고 퇴근해서도 직장 문제가 머릿속에서 좀처럼 사라지지 않는다. 하지만 퇴직하게 되면 직장에 관한 생각이 하루아침에 아무런 소용이 없어지는 것이다. 일을 하면서 배웠던 것들, 중요하게 터득했던 깨달음, 그리고 친하게 지냈던 사람들과의 기억까지도 더 이상 현실이 될 수 없는 것이다.

진수의 어려움은 여기서 끝나지 않았을 것이다. 가족이나 친구에게 보인 김진수는 이제 더 이상 '직장인 김진수'가 아닌 '조기퇴직자 김진수'로 변했기 때문에 그의 나머지 생각마저도 변화시켜야 했을 것이다. 아내에게는 더 이상 아침에 일찍 깨울 필요가 없고 와이셔츠를 다릴 필요도 없지만 그 대신 식사 때마다 신경 써야 하는 사람이 되었을 것이다. 친구들에게 김진수는 무엇인가 도움을 주어야 할 것 같은 사람, 밥값을 내면 안 되는 사람, 시간이 많은 사람, 왠지 돈을 빌려달라고 할 것 같은 사람으로 변해버렸을 것이다. 진수의 삶에서 그를 가치 있게 해주었던 많은 생각들이 쓸모없게 되어버렸고 일상적인 삶에서의 생각도 변해야만 했을 것이다.

나는 조기퇴직의 어려움을 감내할 수 있을까? 오늘 직장을 그만둔다면 나는 어떻게 될까? 우선 내가 가지고 있는 많은 생각들은 더 이상 쓸모가 없어질 것이다. 평생을 가꾸고 축적해온 생산관리에 관련된 생각의 방들은 더 이상 필요한 곳이 없어질 것이고, 강의 잘하는 방법도, 학생에 대한 나의 생각들도, 효율적으로 공부하는 방법도, 심지어는 매일같이 학교로 출근하는 길도 더 이상 기억할 필요가 없을 것이며 길옆 가게들이나 여성헬스장도 잊힐 것이다. 이런 것들을 통째로 내 머릿속에서 뽑아내야 한다면 이는 마치 집 안의 주요 가구들을 모두 내다버리는 것처럼 휑하게 되고 말 것이다.

만약 퇴직하게 되면 생각의 주요 부분들이 거의 필요치 않게 될 거라는 사실이 두려웠다. 나의 사회적 정체성이면서 주변으로부터 인정받는 원천이기도 한 나의 전문적인 생각들이 필요 없어지는 것이다. 직업에 관한 생각들을 잊어야 하는 것도 힘든데, 그 외의 생각들까지도 거의 다 변해야 한다면 나는 더욱 견디기 힘들 것이다. 육체는 그대로인데 생각은 완전히 달라져야만 하는 상황을 상상하기 어려웠다.

시간이 갈수록 우울해져서 집에 가고 싶어졌다. 장과 이 그리고 박에게 인사를 하고는 장례식장을 빠져나왔다. 아무래도 내일 일찍 진영이에게 전화해 밥이나 같이 먹자고 해야겠다.


## 내재되어 있는 것들의 관찰

장례식장을 나와 집으로 가는 길은 출근할 때보다 훨씬 긴 시간이 걸릴 듯했다. 도로는 차들로 넘쳐났고 내 차는 가다 서다를 반복했다. 길가 빌딩들은 화려한 불을 켰고 거리는 집으로 가는 사람들로 북적거렸다. 내 차는 수많은 차들 속에 낀 채로 신호등에 걸려 정지했다. 그동안 앞서거니 뒤서거니 하면서 여러 각도에서 볼 수 있었던 낯선 차를 쳐다보며 갑자기 이런 생각을 했다. 저 낯선 차의 외관에 이제 익숙해졌으니 그렇다면 저 차를 안다고 말할 수 있을까? 물론 그렇지는 않다. 나는 겨우 저 차의 외관을 알 뿐이지 않은가.

저 차를 조금 더 알려면 어떻게 해야 할까? 세상의 모든 것들은 그것을 구성하고 있는 요소들로 이루어져 있는 것처럼 자동차도 수많은 부품으로 이루어져 있다. 만약에 내가 저 자동차가 어떤 엔진을 달았고 어떤 부품으로 조립되었는지를 안다면 저 차를 더 알 수 있을 것이다. 물론 나의 생각도 이와 같을 것이다. 나의 머릿속은 생각을 만들기 위한 본성과 수많은 생각 조각들로 가득 차 있을 것이고 이러한 구성 요소를 알 수 있다면 전체를 이해하는 데 큰 도움이 될 것이다. 나는 어떻게 하면 이러한 구성 요소들을 알 수 있을지 생각해보았다.

### 미지의 본성

본성은 내가 태어날 때부터 육체와 함께 주어진 본래의 나이다. 하지만 육체와는 달리 공기처럼 볼 수도 만질 수도 없으니 의식하지 못하고 살아왔던 것이다. 그래서인지 나는 지금껏 나의 본성에 대해 극히 일부밖에는 알지 못할뿐더러 그나마 알게 된 것들도 아주 우연한 기회를 통해서였다. 내가 좋아하는 색을 알게 된 경우도 그렇다. 어느 날 우리 집에 찾아온 친구는 내 옷장을 보더니 "너, 정말 초록색 좋아하는구나! 온통 초록색 옷뿐이네"라고 말했다. 정말 그 안에는 여러 장의 초록색 티셔츠, 초록색 바지, 초록색 외투까지 갖가지 초록색 옷이 널려 있었다. 오랫동안 하나씩 골라서 산 것인데 그때마다 나의 선택은 항상 초록색이었던 것이다. 나는 그때서야 내가 초록색을 좋아한다는 걸 알게 되었다. 별생각 없이 반복했던 선택이 나의 본성 때문이라는 것 외의 다른 해석은 할 수 없었다.

나의 본성이 초록색에 특별히 끌린다는 건 놀라운 발견이었다. 예전에는 색을 고를 때마다 혹시 잘못 고르지나 않을까 걱정했다. 하지만 초록색을 고르면 절대 후회하지 않는다는 걸 알게 되었고 이 점은 나를 편안하게 해주었다.

미지의 세계에 한 발을 내디딘 건 커다란 의미가 있다. 이제 그곳은 더 이상 미지의 세계가 아닐뿐더러 두 번째 발걸음부터는 쉽게 내디딜 수 있기 때문이다. 내가 초록색을 좋아한다는 걸 안 건 색이라는 미지의 세계에 한 발을 내디딘 것과도 같다. 이후 나는 밤색과 진한 청색도 좋아한다는 걸 알게 되었고 반대로 꺼리는 색도 알게 되었다.

본성의 일부라도 아는 건 여러모로 유익하며 커다란 행운이기도 하다. 그 부분의 세상과 내가 연결되었다는 걸 의미하기 때문이다. 이전까지 색이란 나에게 일반적이고 객관적이었다. 하지만 이제 초록은 나에게 산뜻하기도 하고 시원하며 멋있기도 한 색이다. 나에게는 아주 특별한 색이 된 것이다.

여태껏 내가 알아낸 나의 본성은 손가락으로 셀 수 있을 정도밖에 되지 않는다. 그나마 조금씩 알게 된 것도 노력의 결과라기보다는 의외의 사건들 때문이었다. 오늘 일만 해도 그렇다. 아침까지만 하더라도 나는 사람을 싫어하는 줄 알았고 친구들과의 점심 약속은 부담이 되었다. 하지만 아내가 던진 말 한마디가 나를 일깨워주었고 내가 사람을 좋아한다는 사실을 겨우 깨닫게 되었다. 내가 본성을 알게 된 것은 항상 이런 식이었다. 그저 우연치 않게 깨달았거나 주변에서 말해주어서 하나씩 알게 된 것일 뿐이다. 나는 문득 본성이란 알려고 노력한다고 해서 알아지는 게 아닌 것 같다는 생각이 들었다. 그것은 마치 썰물 때만 물 위로 드러나고 밀물 때는 잠기는 간출암 같은 존재일지도 모른

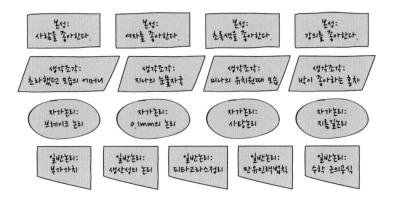

다. 재수가 좋으면 우연히 발견할 수 있을 것이고 그렇지 못하면 영영 모르고 지낼 수도 있을 것이다. 그렇다면 내가 할 수 있는 일이란 나에 대해서 항상 귀 기울이며 우연히 발견된 본성은 가감 없이 받아들이는 정도일 것이다.

### 수많은 생각 조각들

본성이 선천적으로 가지고 태어난 것이라면 생각 조각들은 후천적으로 얻어진 것이다. 생각 조각은 내가 생각한 결과의 일부가 기억된 것이며 살아온 세월이 길어질수록 기억하고 있는 양은 방대할 것이다. 나는 어떠한 생각 조각들을 기억하고 있을까? 생각을 떠올려보자 즉시 출근하는 길에 보았던 여성헬스장, 미나의 유치원 때 모습, 박이 좋아하는 홍차의 비율, 고모의 주름진 얼굴, 제주도 바닷가, $H_2O$는 물 분자, 남부시장 국밥집, 지리산 등반 때 만난 외다리 등산객, 중학교 때 지나쳤던 여학생의 얼굴 등이 끊임없이 떠올랐다. 사실 기억하고 있는 생각 조각이 너무나 방대하기 때문에 소용없는 것들이 아무 때나 떠오른다면 생각하는 데 오히려 방해가 될 수도 있을 것이다. 생각하는 과정은 이런 면에서 굉장히 효율적이라는 평가를 내릴 수밖에 없을 것 같다. 각각의 생각 조각이 키워드에 연관 지어져 반응하기 때문이다. 내가 만약 배가 고프다는 생각의 씨앗을 키워드로 내세우면 음식에 대한 다양한 생각 조각들만 떠오르게 되며, 사랑이라는 키워드를 내세우면 사랑에 관련된 갖가지 생각 조각들만 떠오르게 된다.

생각 조각들은 비록 단편적으로 조각조각 기억되고 있지만 이것들의 내용을 보면 내가 어떻게 살아왔는지 짐작할 수 있다. 생선 장사를 하는 사람은 생선에 대한 생각 조각들을, 회사원은 회사 업무에 대한 생각 조각들을 많이 가지고 있는 것처럼, 내가 기억하고 있는 생각 조각들은 결국 나의 삶이 어땠는지를 보여줄 것이다.

생각 조각들 중에서는 조금 논리적인 형태로 자가논리나 일반논리라는 생각 조각들이 있다. 이것들은 선택이나 판단의 기준이 되거나 방법을 제시하기 때문에 이것들을 알아내면 내 생각을 파악하는 데 큰 도움이 될 것이다. 나의 자가논리로는 브레이크 이론, 0.1밀리미터 이론, 사탕이론 등이 있으며 일반논리로는 교육을 통해 배운 외국어, 수학, 역사, 생산관리, 철학 등이 있을 것이다.


## 생각의 방들을 관찰하기

내게 장래성 없는 직업을 하나 꼽으라면 자동차 정비공을 들고 싶다. 자동차 품질은 획기적으로 발전하고 있으며 도로 사정도 점차 좋아지고 있고, 설혹 고장이 나더라도 수리가 아닌 부품 교환으로 정비의 개념이 변해버렸기 때문이다. 이런 환경에서는 아무리 유능한 정비공이라도 자기 실력을 발휘하기 어려우며 결국 일자리는 점차 줄어들 것이다. 이러한 변화는 사실 불과 20년 전만 하더라도 전혀 예상치 못했었다. 그때는 차의 품질이 좋지 않아 수시로 고장이 났고 그래서 운전하는 사람들은 으레 단골 정비소 하나쯤은 알고 지냈다. 그 시절에는 나도 자주 정비소를 들락거렸는데 그 덕에 그곳 사장하고 친하게 지냈다. 하루는 자동차가 고장이 나면 어떻게 고치는지 물어봤다. 평생을 자동차만 고쳐온 사장의 말은 의외로 간단했다.

"자동차가 복잡한 것 같아도 사실은 몇 부분으로 나누면 간단해져. 동력전달장치라든지 전기장치, 조향장치, 엔진 같은 게 있지. 고장 난 부분이 어디인지를 알아내서 그 부분만 고치면 돼."

그는 부품 수만 약 2만 개가 넘는 아주 복잡한 기계인 자동차를 불과 7~8개로 구분된 간단하고 단순한 기계로 보고 있었다.

생각도 생각 조각들이나 본성을 살펴보면 수없이 많은 정보로 가득 차 복잡하고 변화무쌍하다. 하지만 이들도 생각의 방으로 분류해본다면 불과 몇 가지로 구분될 것이다. 나는 즉시 내 생각이 몇 개의 생각의 방으로 나뉘어 있는지 살펴보기로 했다. 생각해보면 오늘 하루 동안의 내 생각도 불과 몇 개의 생각의 방만을 주로 사용했던 것 같다. 나는 하나씩 꼽아보았다. '가족', '나의 생각', '출근하는 길', '생산관리', '강의', '대인 관계', '퇴근하는 길' 등에서 오늘 생각의 거의 전부가 이루어지지 않았는가!

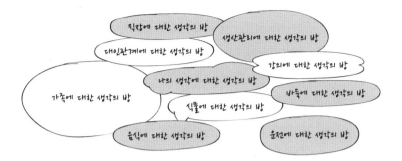

생각이 복잡한 것 같아도 따지고 보면 불과 몇 개의 생각의 방이 있을 뿐이라는 생각이 들었다. 나는 내가 가지고 있는 생각의 방들이 무엇 무엇일까를 상상해보았다.


## '나의 생각'이라는 생각의 방

여태껏 내가 했던 이런 생각들은 나의 네 가지 생각의 모습 중에서 '내가 생각하는 나'일 것이다. 우선 생각의 겉모습도 살펴보았고 생각의 내면을 구성하고 있는 요소들도 보았으며 생각의 방도 세어보았다. 이것들은 다른 시각으로 보는 나의 생각들이다. 그렇다면 이것들을 모두 합한 모습은 어떨까?

그림으로 표현된 내 생각을 가만히 쳐다보았다. 내 생각 그림은 생소했고 낯설게 느껴졌다. 이 그림이 정말 내 생각의 모습일까? 생각의 방들은 얽히고설키어 있으며 이러한 생각이 겉으로 표현될 때는 왜곡과 변질로 감춰질 것이다.

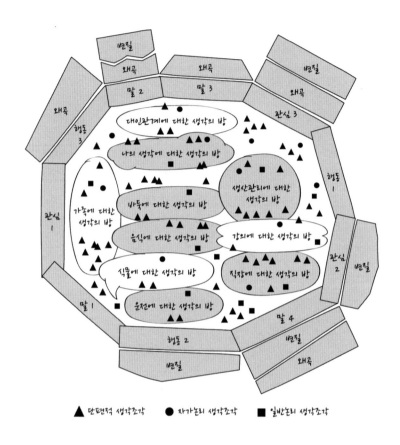

▲ 단편적 생각조각    ● 자가논리 생각조각    ■ 일반논리 생각조각

담담히 내 생각을 음미해보았다. 무엇보다도 다행스러운 건 이 그림이 내 자신의 생각을 알아가는 시발점이 될 수 있다는 점이다. 이제부터는 나에 대해 새롭게 알게 되는 것들을 하나씩 덧붙일 수 있을 것이다. 만약에 잘못 알고 있었던 게 밝혀지면 수정도 해야 할 것이다.

생각을 알아가는 일은 쉽게 마칠 수 있는 일이 아니다. 생각이 지속되는 한 새로운 것은 끊임없이 생겨날 것이고 따라서 내 생각도 지속적으로 변해갈 것이기 때문이다. 이런 식으로라면 나는 결코 내 생각을 완성하지 못할 것이다. 어쩌면 이처럼 끝내지 못할 일을 발견한 건 삶이 내게 준 축복일지도 모르겠다. 살아가는 동안 언제나 해야 할 일이 나를 기다리고 있을 것이기 때문이다.

## 나는 이미 달라지고 있다

차는 마침내 아파트 주차장에 도착했고 아침에 주차했던 자리에 다시 주차할 수 있었다. 나는 시동을 끄고 앞 유리창에 비친 내 모습을 잠시 바라보았다. 시간만 지났을 뿐 아침에 출근할 때의 그 자리에 그대로 앉아 있는 것 같다. 하지만 지금의 나는 아침의 나와는 다른 사람이다. 아침에는 내 생각을 알지 못했지만 지금은 적어도 내 생각을 조금이나마 알고 있기 때문이다.

생각을 알게 됨으로써 나는 이미 달라지고 있다. 우선 내 생각이 어떠한 과정을 거쳐서 만들어졌는지 알 수 있게 되었다. 떠오른 생각에 대해 그 생각이 어떻게 만들어졌는지를 역추적할 수도 있고 어떤 것들이 결합해 그런 결과가 만들어졌는지도 짐작할 수 있게 되었다.

내 생각을 알게 됨으로써 내가 소중히 여기는 것들이 무엇인지 알게 되었다. 나는 이제 어떻게 하면 행복해질 수 있는지 알 수 있을 것 같다. 행복하다는 느낌이 들 때마다 그 원인을 기억하고 그러한 현상이 반복된다면 바로 그것이 나를 행복하게 만들어줄 것이다. 초록색은 내 마음을 편안하게 해주고 항상 아내 곁에 있고 싶으며 아이들은 생각만 해도 나를 웃음 짓게 한다. 내가 깨닫지 못했을 뿐 나를 행복하게 만드는 것들은 항상 내 옆에 있었다.

생각을 알면 미래 상황에서 내가 어떤 생각을 할지도 짐작할 수 있을 것 같다. 일종의 모의실험이 가능해진 것이다. 미래 상황에서 내 머릿속에 생각의 씨앗을 넣어본다면 어떠한 생각이 만들어질 것인가를 추측할 수 있을 것이다. 사실 이런 식의 추론은 새삼스러운 건 아니다. 아내는 나를 대상으로 이미 이렇게 하고 있는 것으로 보인다. 아내는 내 생각에 대한 충분한 자료를 가지고 있으며 어떤 상황에 부딪혔을 때 내가 어떻게 생각할 것인가를 미리 그려보고 그 결과를 예상한다. 그것이 바로 아내가 내 생각을 미리 꿰뚫어볼 수 있는 비결이다.

### 새로운 생각은 새로운 세상을 만든다

예전에 나는 모든 문제에는 답이 있다고 믿었다. 하지만 어떤 문제들은 너무 어려웠고 또 어떤 문제들은 내 능력으로는 답을 찾을 수 없었다. 모든 문제를 풀어야만 잠을 잘 수 있다면 나는 아마 매일 밤을 뜬눈으로 새웠을 것이다. 나는 언제부턴가 풀리지 않는 문제들과 타협하기 시작했다. 이제 나는 풀리지 않는 문제들은 그냥 그 상태로 머물러 있게 할 줄 안다. 답을 구하는 과정 그 자체도 의미 있을뿐더러 내 능력으로는 그 어떤 문제도 완전한 답을 구할 수 없을 것 같기 때문이다. 내 머릿속에 이제 더 이상 남아 있는 문제는 없다. 나는 깊은 숨을 내쉬었고 이제는 잠을 잘 수 있을 것 같다. 오늘 하루 동안 참으로 많은 생각을 했다.

**에필로그**

# 생각의 거울


내 생각은 이제 새로운 출발을 하려 한다. 나는 지금 생각이라는 집을 짓기 위한 기초 공사만 겨우 마친 것이다. 하지만 이제 겨우 첫발을 떼었음에도 불구하고 이미 많은 변화가 일어났다. 가장 큰 변화는 사람들의 말을 잘 듣게 되었다는 것이다. 이제는 상대의 말 한 마디 한 마디 속에 깊숙이 숨어 있는 내면의 생각들이 있다는 것을 알게 되었다. 이제까지 알지 못했던 미지의 세계를 여행하는 것 같기도 했고 무심코 지나쳤지만 바로 내 옆에 그렇게 아름답고 경이로운 것들이 있었던 것을 발견하기도 했다.

이전에 나는 타인을 대하는 일률적인 대응 방안을 가지고 있었다. 그래서 상대가 아무리 극단적일지라도 예외로 두지 않았다. 모두에게 친절하게 대하려 했고 먼저 믿으려 했으며 문제가 발생하면 양자가 책임이 있다고 생각했다. 하지만 이러한 대응 방안은 모든 사람이 비슷해야만 가능할 것이다.

현실에서의 사람들은 서로 비슷하지 않을뿐더러 너무 달랐다. 타인을 두려워하면서 살고 있는 사람들이 있는가 하면 이기기 위해서 무슨 일이든 서슴지 않는 사람들도 있었다. 그리고 이렇게 다른 사람들을 일률적으로 대해온 결과 나는 실망과 후회와 상처만을 갖게 되었다.

나는 이제 현실을 왜곡하고 상처를 주는 사람들에게 더 이상 친절하게 대하고 싶지 않다. 예전에는 모든 사람에게 친절하려고 노력했다면 이제는 친절의 가치를 아는 사람에게만 친절하려고 하며 믿음이 가는 사람만 믿으려 한다. 그래서 나는 예전에는 많은 사람을 만났지만 갈수록 소수의 사람만을 만나게 되었다.

나의 생각을 조금이라도 알 수 있게 되었지만 이미 내 인생의 많은 시간들이 지나가버렸다. 나는 20년 전부터 지금의 직업을 갖고 있고 아내를 만나 결혼했으며 친구들은 오래전부터 내 주변에 있었다. 이제 내가 어떻게 살아야 할지를 안다고 해서 나의 가족이나 친구가 달라지지는 않을 것이다. 나의 생각을 알고 내가 할 수 있는 일이란 겨우 앞으로 여생을 어떻게 보낼 것이며 지난 세월을 어떻게 돌이켜볼 것인가 하는 것뿐이다.

나는 대부분의 사람들이 나와 처지가 크게 다르지 않을 거라고 추측한다. 정말 그렇다면 삶이란 자신의 생각을 잘 알고 살아가는 것은 아닐지도 모른다. 술에 취한 사람이 자신도 모르게 실수를 하고는 아침이 되면 어제 한 자신의 행동에 실소하는 것처럼 우리도 그렇게 살아가는 것 같다. 우리들은 스스로의 생각을 잘 모르면서 친구를 만나고 직업을 택하고 결혼하고, 이렇게 그냥 살아가고 있는지도 모르겠다.

어떤 사람들은 자기 생각을 왜 알아야 하는지조차 모른다. 평생을 모른 채로 살아간다면 그의 삶에서 갈등이나 회의는 없을 것이다. 또 다른 사람들은 자기 생각을 알아야 하는 것을 알면서도 알려 하지 않는 다. 이들은 마음의 갈등을 느끼겠지만 현실에 만족하면서 살아가려고 하기 때문에 커다란 실망은 없을 것이다. 자기 생각을 알려고 노력했지 만 알지 못하는 사람도 있다. 이들은 회의와 절망을 느끼기도 하지만 희망도 함께 가지고 살아갈 것이다. 그리고 마지막으로 자신의 생각을 알기 시작한 사람들이 있다. 이들은 자신이 원하는 것과 행복해지는 방 법을 알면서 살아갈 것이다.

자신의 생각을 잘 알기 위해서는 생각을 바라볼 수 있는 거울이 필 요하다. 하지만 몸을 비춰주는 거울처럼 생각을 비춰주는 거울은 세상 에 존재하지 않는다. 다만 얼굴을 비추듯 생각을 비춰볼 수 있는 자신 만의 방법, 즉 '생각의 거울'을 찾아야 할 것이다. 나는 이 책에서 그 거 울을 만드는 방법과 경험을 기술하려고 했다. 그리고 독자가 자신만의 거울을 만들어 스스로의 생각을 알고 선택의 순간이 올 때마다 당황하 지 않고 현명한 선택을 했으면 좋겠다. 어쩌면 행복한 삶이란 후회가 적은 삶인지 모르겠다. 자신이 한 선택에 후회하지 않는 삶, 독자들의 삶에 이 책이 작은 손거울이 되었으면 좋겠다.

∴ **지은이_ 황선문**

전주대학교 경영학과를 졸업하고 영국 랭커스터 대학교에서 석사, 스트라스클라이드 대학교에서 박사 학위를 받았다. 현재 전주대학교 경영학부 교수로 생산관리와 OR을 강의하고 있다.

지은 책으로는 『C-언어』, 『영어회화사전』, 『영어회화패턴 226』 등이 있으며, 그룹워킹, 그룹테크놀로지, 시뮬레이션 등을 주제로 하는 다수의 논문이 있다.

난 왜 늘 잘못된 선택을 할까?
스토리로 풀어낸 생각 훈련법

ⓒ 황선문, 2014

지은이 황선문
펴낸이 김종수
펴낸곳 도서출판 한울
편집 양선희

초판 1쇄 인쇄 2014년 3월 11일
초판 1쇄 발행 2014년 3월 24일

주소 413-756 파주시 광인사길 153 한울시소빌딩 3층
전화 031-955-0655
팩스 031-955-0656
홈페이지 www.hanulbooks.co.kr
등록번호 제 406-2003-000051호

Printed in Korea.
ISBN 978-89-460-4833-1 03320(양장)
ISBN 978-89-460-4834-8 03320(무선)

* 책값은 겉표지에 표시되어 있습니다.